Hannelore Kleiß

RÄUCHERN

ZU HEILIGEN ZEITEN

Rituale im Jahreskreis

HERZLICHEN DANK

Herzlichen Dank an Siegrid Hirsch und Wolf Ruzicka vom Freya-Verlag für die Möglichkeit, das Buch aufzulegen, sowie für die Ermutigung und Unterstützung.

Danke an Hermann Gabriel für die Idee und Motivation zu Beginn, ohne ihn hätte ich nie begonnen mit diesem Werk. Ihm und Michaela Baumann sei gedankt für die gemeinsame Arbeit an den Pflanzenbeschreibungen.

Vielen Dank an alle, die den Text kritisch gelesen haben und mir Rückmeldung gegeben haben: Beate Rendl, Martha Leeb, Andrea Hauser, Hermann Gabriel.

Danke an Herbert Schimbäck, der dieses Buch mit seinen wunderschönen Fotos bereichert hat, sowie an Christina Diwold vom Freya-Verlag für die Räucherfotos und das schöne Layout. Danke an Sonja Müller für das sorgfältige Lektorat und die hilfreichen Anregungen.

Herzlichen Dank an Christine und Frajo Köhle für das Raunachtlied.

Vielen Dank an meinen Ehemann Roland, der mir in der Zeit der intensiven Arbeit am Buch eine große Stütze war.

Hannelore Kleiß

RÄUCHERN

ZU HEILIGEN ZEITEN

Rituale im Jahreskreis

FREYA VERLAG –
unabhängig, familiengeführt, subventionsfrei, werteorientiert, grundsatztreu

Seit über 30 Jahren veröffentlichen wir Bücher, die unseren Überzeugungen entsprechen und ausschließlich einen positiven Beitrag für Mensch, Tier und Umwelt leisten.

Werden Sie Teil unserer Verlagsfamilie – wir wünschen Ihnen viel Freude mit diesem Buch.

www.freya.at

ISBN 978-3-99025-214-7
© 2025 Freya Verlag GmbH
6. Auflage
Alle Rechte vorbehalten

Layout: freya_art, Christina Diwold

Bildmaterial: Herbert Schimbäck, Roland Tomaschko, Wolf Ruzicka, Christina Diwold
Fotolia: © Serj Siz`kov, Jean Kobben, Tobias Klostermann, igor kisselev, Herbert Esser, Chris leachman, LoSa, Elena Terletska, Sinnlichtarts, -Misha, Cora Müller, makar, roman_volkov, donatas1205, Trueffelpix, tulpahn, katyau, cherezoff, esancai, behewa, yupanqui06, oly5, gruberjan, Kara-Kotsya, yuratosno, Melinda Nagy, toa555, jallom, juliasnegi, Alena Ozerova, hadkhanong, TheMonk, IgorZD
Wikipädia: © Rasbak, Ansgar Koreng, Georgi Kunev, Pimpinellus

printed by GPS-Group

Anmerkung: Für die in diesem Buch beschriebenen Räucherpflanzen und -methoden übernehmen Autorin und Verlag keine Haftung. Weder Autorin noch Verlag haftet für Schäden, die aus der Anwendung der im Buch vorgestellten Hinweise und Ratschläge entstehen könnten. Bei gesundheitlichen Störungen sprechen Sie mit Ihrem Arzt oder Ihrer Ärztin. Die vorgestellten Methoden bieten keinen Ersatz für eine therapeutische oder medizinische Behandlung.

INHALT

Einleitung 9

Kapitel 1

Eintauchen in eine andere Welt – Über die Schwelle gehen 13
    Wenn wir an der Schwelle stehen 13
    Die Heilkraft des Jahreskreises – Acht Schwellenfeste 15
    Unsere Sinne als heilige Schwellen 19
    Menschen sprechen Pflanzen an 21
    Pflanzen sprechen Menschen an 24

Kapitel 2

Zur Geschichte des Räucherns 27
    Räuchern – Auf den Spuren alter Kulturen 27
    Räuchern in den Weltreligionen 32
    Räuchern – Auf der Suche nach Verbundenheit 33
    Dreimal drei ist neunerlei 35
    Neunerlei Hölzer 35

Kapitel 3

Jahreskreis und Räucherpflanzen 37
    Die Jahreskreisfeste im Überblick 37
    Die Raunächte 42
        Bräuche der Raunächte 44
Wintersonnenwende – Weihnachten 48
    Fichte 52
    Tanne 53
    Mistel 54

Zunehmende Mondsichel – Lichtmess 55
    Birke 59
    Quendel 60
    Bartflechte 61
Frühlings-Tagundnachtgleiche – Ostern 62
    Immergrün 67
    Salweide 68
    Haselnuss 69

Vollmond-Fruchtbarkeitsfest – Walpurgis 70
    Holunder 74
    Frauenmantel 75
    Bilsenkraut 76
Sommersonnenwende – Johannistag 77
    Johanniskraut 81
    Wurmfarn 82
    Föhre 83
Erntemond – Schnitterfest – Maria Himmelfahrt 84
    Königskerze 89
    Dost/Wilder Majoran 90
    Schafgarbe 91
Herbst-Tagundnachtgleiche – Erntedank/Michaeli 92
    Hafer 96
    Lärche 97
    Heckenrose 98
Neumond-Dunkelheitsfest – Allerheiligen/Allerseelen 99
    Eibe 104
    Engelwurz 105
    Baldrian 106
Die alte Dreiteilung des Jahreskreises 110
    Eins in dreien – Umfassend verbunden 111
    Die Heiligen Drei Madl und die Große Göttin 113
    Die Ältesten 118
        Beifuß 118
        Wacholder 120
        Ruchgras 121
    Die Heiligen Drei Könige 122

Kapitel 4

Räucherwerk, Räucherutensilien und Rituale 125
    Wie wird geräuchert? 125
    Räucherwerk 128
    Räucherutensilien 130
    Verschiedene Arten des Räucherns 132
    Räuchermischungen für verschiedene Anliegen 136
        Räuchern zum Reinigen der Atmosphäre in Häusern und Wohnungen 137
        Räuchern, um den eigenen Körper zu reinigen und zu stärken 137
        Reinigende Mischungen 139
        Weihnachtsräucherung/Wintermischungen 139
        Räuchern, um „böse Geister" und „Dämonen" zu vertreiben 141
        Schützende Mischungen 141
        Räuchern, um sich zu zentrieren 143
        Zentrierende Mischungen 143
        Landschaftsräucherung 143
        Räuchern, um zu segnen 145
        Segnende Mischungen 145
        Liebesräucherung 147
        Mischungen für Lust und Liebe 147
    Die Kraft von Ritualen 148
    Räucherritual für das Haus 150

Kapitel 5

Der Jahreskreis und weitere Verbindungen 153
    Der Jahreskreis als Symbol für einen Tag 153
    Der Jahreskreis in Verbindung mit den Elementen 160

Nachwort 168
Über die Autorin 169
Quellen und weiterführende Literatur 170

Register der vorgestellten Pflanzen 172
Register der Pflanzen nach den Jahreskreisfesten 174

EINLEITUNG

Der Impuls für dieses Buch ging von einer kleinen Kräuterkiste aus ... In einer Holzkiste stehen neun Gläser. In jedem dieser Gläser sind duftende Teile heimischer Räucherpflanzen aufbewahrt. Obenauf liegt ein kleines Heft, in dem beschrieben steht, wie und wozu Menschen früher geräuchert haben und welche Pflanzen sie dafür verwendet haben. Diese duftende Schatzkiste habe ich als Teil des Abschlussprojekts meiner Kräuterpädagogikausbildung zusammengestellt.

Hermann Gabriel, einer meiner Ausbildner, hat mich angesichts meiner Schatzkiste motiviert, ein Buch über das Räuchern mit heimischen Pflanzen im Jahreskreis zu schreiben. Ich habe diese Anregung aufgegriffen und bin dadurch in einen für mich selbst überraschend kreativen und schöpferischen Prozess eingetaucht. Themen, die mir am Herzen liegen, haben sich mit den Wesensmerkmalen der Pflanzen vielfältig verwoben wie bunte Fäden eines kostbaren Teppichs, der zum Verweilen einlädt.

Früher waren die Menschen eng mit dem Wechsel der Jahreszeiten verbunden und haben die Übergänge im Jahr ausgiebig gefeiert. Viele dieser alten Festzeiten sind bis heute Zeiten der Bräuche und Feste. Wir können sie auch in unserer Zeit ganz bewusst nutzen, um aus der Alltagsroutine auszusteigen und uns zu stärken. Die Festzeiten ziehen sich wie ein roter Faden durch das Jahr und durch dieses Buch.

Die Heilkraft heimischer Räucherpflanzen ist vielfach in Vergessenheit geraten. Dabei versuchen diese Pflanzen auf kreative Art und Weise, sich bemerkbar zu machen und uns „anzusprechen". In Verbindung mit den Jahreskreisfesten werden hier jeweils drei heimische Räucherpflanzen mit ihrer Heilkraft vorgestellt.

Mit dem Jahreskreis ist auch eine Einladung an uns verbunden: Wir sind eingeladen, uns selbst als Teil dieser wunderbaren Schöpfung zu erleben und im Jahreslauf eigene Lebensthemen zu entdecken. Jede Jahreszeit kann uns in unserer persönlichen Entwicklung begleiten und fördern. Es liegt an uns, hellhörig zu werden für diese Einladungen und sie anzunehmen.

Das alte Brauchtum des Räucherns ist Teil unserer Kultur. Wenn wir uns an die alten Bräuche erinnern und sie vom Staub der Zeit befreien, können wir daraus neue, stimmige und kraftvolle Rituale entwickeln. Rituale nähren unsere Seele und verbinden uns mit dem Göttlichen.

Besonders in Übergangszeiten im Leben wächst die Sehnsucht nach gelebter Spiritualität. Die kirchliche Tradition hat den Rhythmus der Natur aufgenommen und ihn christlich gedeutet. Die Sinnbilder christlicher Spiritualität sind kraftvolle Bilder und Wegbegleiter im Jahreskreis und Lebenslauf.

Ich bin zutiefst überzeugt davon, dass es heilsam und wohltuend ist, uns wieder mehr mit dem Rhythmus der Natur zu verbinden. Wir sind in diesen Rhythmus eingebunden und unser eigener Lebensfaden ist ein Teil eines unendlich großen, kunstvollen Gewebes.

Ich lade Sie ein, diese Themen für sich selbst aufzugreifen, weiterzuspinnen und zu verknüpfen. Vielleicht entstehen für Sie ebenso überraschende Verbindungen und Muster wie für mich. Ich lade Sie ein, zu staunen und das eigene Eingebundensein zu spüren und zu genießen.

Viel Freude dabei!
Hannelore Kleiß

Kapitel 1

EINTAUCHEN IN EINE ANDERE WELT – ÜBER DIE SCHWELLE GEHEN

Wenn wir an der Schwelle stehen

Wir alle kennen das Gefühl, an einer Schwelle zu stehen. Es stellt sich ein am Übergang in eine neue Lebensphase: während der Entwicklung vom Jugendlichen zum Erwachsenen, beim Einstieg ins Berufsleben, beim Übergang vom Single-Dasein zum Leben als Paar, bei der Geburt eines Kindes, an Geburtstagen, beim Übersiedeln, zu Beginn einer Ausbildung, aber auch beim Übergang von der Berufstätigkeit in den Ruhestand und beim Nachlassen der körperlichen Kräfte.

Immer geht es darum, Vergangenes hinter uns zu lassen und den Schritt in etwas Neues zu wagen, in ein Ungewisses hinein, das noch mehr oder weniger im Verborgenen liegt. An der Schwelle wünschen wir uns, begleitet zu sein von Menschen, die uns nahe sind. Wir wünschen uns, dass es gelingt, heil über die Schwelle zu kommen in eine neue Zeit. Wir wünschen uns Schutz und Segen.

Viele alte Bräuche und viele spirituelle und kirchliche Rituale wollen uns in Schwellenzeiten genau diese Qualitäten vermitteln.

Im Jahreskreis begegnen wir ebenfalls solchen Übergangszeiten. Sie werden von Schwellenfesten begleitet. Frühlings- und Herbstbeginn sind Schwellenzeiten, an denen Tag und Nacht genau gleich lang sind und sich die Waage halten. Zur Sommersonnenwende und zur Wintersonnenwende wendet sich die Sonnenkraft und übertritt so eine Schwelle, die eine neue Zeitqualität bringt.

Diese Schwellenzeiten galten früher auch als magische Zeiten. In magischen Zeiten war es leichter, die Schwelle zu anderen Welten zu überschreiten, zu besonderen Gefühlszuständen, zu Erkenntnissen, zur Verbundenheit miteinander und zum Eingebundensein in das große Ganze. Der Schleier zwischen den Welten war besonders dünn, sodass Wesen leicht von einer Welt in die andere gleiten konnten. Die gute Verbindung der sichtbaren und der unsichtbaren Welt, des Bewussten und des Unbewussten waren Teil der Magie dieser Schwellenfeste.

Von Kindheit an bin ich fasziniert von sinnlichen Erfahrungen in der Natur und vom Wechsel der Jahreszeiten. Denn unsere Sinne sind vergleichbar mit Schwellen. Über unsere Sinne nimmt unser tiefstes Innerstes Kontakt auf mit der Außenwelt. In die Natur zu gehen und zu sehen, mit wie viel Zartheit, Kraft und Vertrauen Knospen aufbrechen, kann uns in großes Staunen versetzen. Den Flügelschlag eines Vogels in der Stille zu hören bringt etwas Erhebendes in uns zum Schwingen. Der Geruch eines frisch gepflügten Feldes verbindet uns mit der Erde, als würde für einen Moment die Schwerkraft stärker werden. Der würzige Geschmack von frischem Thymian öffnet uns die Atemwege und löst ein befreiendes Durchatmen aus. Nach ein paar kalten Tagen die Sonne auf der Haut zu spüren wirkt wie die warmherzige Umarmung einer guten Freundin. Mit wachen Sinnen zu leben weckt eine ungeahnte Lebensfreude und stärkt das Vertrauen für die Übergangszeiten im eigenen Leben.

Die Heilkraft des Jahreskreises – Acht Schwellenfeste

Für unsere Vorfahren war es eine besondere Leistung der Gemeinschaft, den Winter zu überleben. Denn er war verbunden mit der Gefahr, alle Lebenskräfte und damit den Lebenswillen zu verlieren oder gar zu erfrieren oder zu verhungern. Umso verständlicher ist es, dass die länger werdenden Tage und die zunehmende Kraft der Sonne ehrfürchtig und sehnsüchtig erwartet wurden. Versprachen sie doch den Frühling und mit ihm das Wachsen, Reifen und Ernten von vielerlei Nahrhaftem.

Mit Sonnen- und Mondfesten haben unsere Vorfahren das Leben gefeiert und zugleich die Mächte der Natur zu beeinflussen versucht. Feuer wurden entzündet, um Unwetter fernzuhalten. Pflanzen wurden gesammelt, um sich zu schützen. Rituale in der Gemeinschaft hatten den Sinn, Ängste zu überwinden und neue Hoffnung zu schöpfen.

In alten Kulturen waren die Festzeiten eng an kosmische Abläufe gebunden. Keltische Symbole und Abbildungen zeigen den Lauf der Zeit häufig in Form eines Rades. Dieses Rad der Zeit ist unterteilt in vier oder acht Teile. Das Rad mit den vier Speichen symbolisiert die vier Jahreszeiten und die Wendepunkte, die von der Sonne markiert werden: die Sommersonnenwende und die Wintersonnenwende, die Frühlings-Tagundnachtgleiche und die Herbst-Tagundnachtgleiche.

Im Rad mit den acht Speichen befinden sich zwischen den vier vom Sonnenlauf markierten Punkten vier dem Mondzyklus zugeordnete bewegliche Zeiten. Man nannte diese Tage die Kreuzvierteltage. Zeitlich fielen diese Mondtage in den November (Nebelmond), Februar (Schmelzmond), Mai (Wonnemond) und August (Erntemond). Erst mit dem römischen Kalender wurden diese beweglichen Tage, die zuvor einer Zeitspanne je nach Stand des Mondes zugeordnet waren, mit einem fixen Kalendertag verbunden. Heute feiern wir Allerheiligen am 1. November, Lichtmess am 2. Februar, Walpurgis am 30. April und das Schnitterfest am 1. August (bzw. Maria Himmelfahrt am 15. August). Diese Mondtage finden ihre Entsprechung auch in den vier großen irisch-keltischen Festen Samhain (1. November), Imbolc (1. Februar), Beltane (1. Mai) und Lughnasadh (1. August). Zu diesen Schwellenzeiten hatten die Menschen leichter Zugang zu den Wesen der anderen Welt.

Nebelmond
Neumond

Im Jahreskreis gedeihen verschiedene Pflanzen und geben damit auch den Ernterhythmus und die Sammelzeit vor:

Kräuter sind tabu

Winter-Sonnenwende/21.12.

Allerheiligen

Wurzel

Wurzelgraben

Herbst-Tagundnachtgleiche / 23.9.
Sonnenfest / Erntedank

Frucht

Frauen-30er
Frauenkräuter

Schnitterfest / Maria Himmelfahrt

Erntemond
Absteigender Mond

Sonnenfest / Johannis

Wetterkräuter

An den Wurzeln vieler christlicher Feste stehen heidnische Naturfeste mit Wachstum fördernden und Unheil abwendenden Ritualen. Über lange Zeit hat die Kirche den Zugang zu den verborgenen Heilkräften der Natur für nicht zulässig erklärt und als Hexerei diffamiert. Die Kirche stellte den Alleinanspruch auf Heilung. Das alte Brauchtum und das reiche Erfahrungswissen ließen sich die Menschen jedoch nicht einfach austreiben. Und so hat die Kirche im Lauf der Zeit diese sehr tief verwurzelten Rituale mit christlichen Symbolen und Geschehnissen verbunden. Heute begegnen uns in beiden, in den alten Bräuchen und in den christlichen Festen, Bilder und Kräfte, die heilsam auf unsere Seele wirken und unsere Menschwerdung unterstützen und begleiten.

Um die Kraft des Jahreskreises heute entdecken zu können, brauchen wir keine kostspielige Abenteuerreise in ferne Länder auf uns zu nehmen. Auch die körperliche Leistungsfähigkeit stellt keine Barriere mehr dar für diese Entdeckungsreise. Der Ablauf und Rhythmus des Jahres genügt, um uns wie unsere Vorfahren mit verschiedenen Jahreszeiten, Pflanzen, Tieren, Stimmungen und Energien zu verbinden. Der Jahreskreis reicht aus als inspirierender Impulsgeber, wenn es darum geht, dem eigenen Lebensfaden nachzuspüren.

Die Verbindung mit dem Rhythmus des Jahreskreises, mit dem Werden und Vergehen, das sich alljährlich in der Natur vor unserer Haustüre vollzieht, hat etwas zutiefst Heilsames. Eingebunden in den Rhythmus und in die Wunder der Natur ist es uns möglich, der Energie des Himmels und der Erde zu vertrauen und immer wieder offen zu sein für Überraschungen. Wenn wir uns die Kraft des Jahreskreises bewusst machen und uns mit ihr verbinden, werden wir den Übergängen im Lebenslauf gelassen und gestärkt begegnen können.

Der Jahreskreis und die Festzeiten wandern spiralförmig mit uns durch unser Leben. Sie begleiten uns, wie es nur die allerbesten Freundinnen und Freunde können – durch dick und dünn, Licht und Dunkel, Hochs und Tiefs. Auf diesem Weg laden sie uns ein zu wundersamen Erfahrungen. Sie laden uns ein, Gemeinschaft und Verbundenheit zu erleben. Sie laden uns ein, zu unseren ganz persönlichen Quellenplätzen zu gehen und uns immer wieder zu verbinden mit dem Göttlichen, dem Zauber um uns und der Quelle in uns.

Unsere Sinne als heilige Schwellen

„Wie kann ich mich besser entspannen und loslassen? Wie kann ich mein Gedankenkarussell abstellen und weniger in der Zukunft oder Vergangenheit leben, sondern besser bei dem sein, was gerade ist? Wie kann ich den Augenblick mehr genießen? Wie kann ich konzentriert bei etwas bleiben? Mir läuft die Zeit davon, was kann ich tun?" In Coachingstunden höre ich solche Fragen häufig. In unserer Steigerungs- und Leistungskultur ist die Erfüllung dieser Bedürfnisse kein leichtes Vorhaben.

Einer der hilfreichsten Wege, die ich kenne, führt über unsere Sinne. Unsere Sinne sind heilige Schwellen. Wenn wir unsere Sinne bewusst nutzen, gelingt es uns, zu entschleunigen und im Hier und Jetzt anzukommen. Das Wort wahrnehmen drückt aus, dass wir etwas Wahres gleichsam in die Hände nehmen und begreifen. Mit allen Sinnen wahrzunehmen, also zu sehen, hören, riechen, schmecken und tasten fällt uns am leichtesten, wenn wir uns vorstellen, wir würden dies zum ersten Mal machen. Wir sind neugierig und offen wie ein Kind und lassen uns überraschen, was wir da entdecken werden.

Sie können z. B. einmal einen Apfel essen, als würden Sie erstmals in Ihrem Leben so eine exotische und knackige Frucht in Händen halten. Schauen Sie den Apfel an, die rot-gelbe Färbung, die Schale, die Form. Wie liegt der Apfel in der Hand? Wie riecht er? Schließen Sie die Augen, beißen Sie in den Apfel und nehmen Sie das Geräusch wahr, schmecken Sie die Frucht. Riechen Sie nochmals. Kauen Sie den Apfel ganz langsam. Schmeckt er eher süß oder sauer …?

Wir können versuchen, das, was wir wahrnehmen, zu beschreiben, ohne es zu beurteilen. Wenn wir unsere Sinne öffnen, können wir ganz da sein, ganz gegenwärtig. Dieses Jetzt ist uns in jedem Augenblick geschenkt. Es ist der Schnittpunkt der Zeit mit der Ewigkeit. Lassen Sie sich überraschen und kosten Sie ihr Dasein mit wachen Sinnen aus.

SEHEN UND SCHAUEN

Wenn Sie einen Sonnenuntergang sehen, dann sind Sie nur noch Auge, Sie schauen und staunen selbstvergessen. Die Zeit steht still. Sie können nicht nur mit Ihren leiblichen Augen schauen, sondern auch mit den Augen des Herzens, der Seele und des Geistes. Sie können auf das Sichtbare schauen und darin das Unsichtbare entdecken. Sie sehen dann nicht nur die untergehende Sonne, sondern einen Teil des großen Geheimnisses, das wir Leben nennen. Das lateinische *contemplari* heißt „betrachten". Kontemplation ist der mystische Weg westlicher Tradition. Eine kontemplative Haltung können wir uns mit geistlichen Übungen (Gebet, Meditation, Fasten, Schweigen) aneignen. Sie ist von Ruhe und sanfter Aufmerksamkeit bestimmt.

HÖREN UND LAUSCHEN

Das Ohr ist unser mit Abstand komplexestes Sinnesorgan. Über das Gehör werden wir feinfühlig und sensibel für Zwischentöne. Wenn jemand liebevoll mit uns spricht, vermittelt uns das Wärme, Nähe und Geborgenheit. Der häufigste Vorwurf, den Menschen in konflikthaften Beziehungen einander machen, lautet: „Du hörst mir ja gar nicht zu." Menschen sehnen sich danach, dass jemand zuhört. Wer genau hinhört, kann in der Stimme eines Menschen dessen Gestimmtsein hören. Wenn wir aufmerksam zuhören, dann sind wir innerlich berührbar.

Wir hören vielleicht auch die eigene innere Stimme. Wenn wir ins Innere horchen, können wir jene leisen Impulse wahrnehmen, die so wichtig sind, wenn wir die richtigen Entscheidungen treffen und uns selbst treu bleiben wollen. Eine ähnliche Sensibilität und Wachheit verlangt es, wenn wir hören wollen, wie Pflanzen uns ansprechen. Auch die Stimmung einer Landschaft oder einer Jahreszeit können wir hören.

RIECHEN

Wonach riecht Ihre Lieblingsjahreszeit? Jede Jahreszeit hat ihren eigenen Geruch, ihren eigenen Duft. Der Frühling riecht anders als der Herbst, der Sommer anders als der Winter. Wir können Lebendigkeit riechen oder Klarheit, Wärme oder Vergänglichkeit. Meist sind wir nicht geübt darin, Gerüche zu benennen. Denn unser Geruchssinn ist im ältesten Teil des Gehirns, im limbischen System, angesiedelt. Von hier aus werden unser Instinkt, unser Gefühlsleben und unser Unbewusstes gesteuert. Dieses Areal ist wenig mit dem entwicklungsgeschichtlich jüngeren Sprachzentrum verbunden. Die Pflanzen laden uns ein, sensibel zu werden für verschiedene Gerüche. Im Duft offenbart sich das Wesen der Pflanze. Räuchern wirkt unter anderem über unseren Geruchssinn. In jedem Duft, den wir bewusst wahrnehmen, verbinden wir uns mit der Fülle und dem Geheimnis des Lebens.

SCHMECKEN

Das Schmecken ist mit dem Riechen eng verbunden. Wenn unser Geruchssinn beeinträchtigt ist, dann leidet auch unser Geschmackssinn darunter. Wir kennen Situationen, die einen schalen Geschmack in uns hinterlassen, während uns andere gut schmecken. Das Schmecken ist eine sehr intensive Sinneserfahrung und

Form der Berührung. Wenn wir bei einer Kräuterwanderung die Wildkräuter verkosten, gibt es häufig überraschte und staunende Gesichter aufgrund der Vielfalt an verschiedenen Geschmacksnoten.

TASTEN – FÜHLEN – BERÜHREN
Etwas ertasten bedeutet etwas begreifen. Mit „Jetzt begreife ich es" drücken wir aus, etwas verstanden zu haben. Was ich berühre, kann mich anrühren und bewegen. Es kann mir zu Herzen gehen. Das Tasten und Fühlen schafft also eine Beziehung, das Begreifen schafft Verständnis. Wir sagen, wir sind berührt, wenn etwas starke Gefühle in uns auslöst. Etwas berühren und ertasten setzt Behutsamkeit voraus, die weder festhalten noch verändern will. Im Tasten staune ich über das, was ich berühre. Wenn ich eine Pflanze ertaste, spüre ich den eckigen oder runden Stängel, das glatte oder behaarte Blatt, die festen Knospen oder die weichen Blütenblätter. In der Berührung kann ich etwas vom unendlichen Wunder erspüren, das mich in der Schöpfung umgibt.

Der Schatz unseres Lebens liegt in unserer Alltagsumgebung verborgen. Mit wachen Sinnen und einer achtsamen Wahrnehmung gelingt es uns, diese Schätze zu heben und bereichert durchs Leben zu gehen. Wir erfahren, was es heißt, mit Himmel und Erde verbunden zu sein. Dabei bekommen wir eine Ahnung von einer Existenz, die weit über alles hinausgeht, was wir mit unseren Sinnen erfassen können.

Gott umarmt uns durch die Wirklichkeit.
Ignatius von Loyola

Menschen sprechen Pflanzen an

Die Menschen haben früher in und mit der Natur gelebt. Die Natur war ihr Lebensraum, sie lieferte Nahrungsmittel und sie war ihre Medizin. Die Menschen haben ihre Verbindung zur beseelten Natur als etwas Magisches erlebt. Mit Hilfe von Pflanzen versuchten Menschen nicht nur sich selbst zu heilen. Sie versuchten auch, das Wetter zu beeinflussen und die Naturgeister gütig zu stimmen, um für eine gute Ernte und das Überleben zu sorgen. So verwundert es nicht, dass die Menschen auch mit den Pflanzen geredet haben. Für unser rationales Denken ist dieses magisch-mythische Bewusstsein ein seltsamer, befremdender Zugang. Denn in der modernen Wissenschaft werden Pflanzen meist nur als Träger heilsamer Wirkstoffe gesehen. Natürlich sind Inhaltsstoffe wichtig, aber sie sind nicht alles. Die Pflanze als Wesen ist mehr als ihre einzelnen Bestandteile und ihre chemisch nachweisbaren Inhaltsstoffe. Der Mensch als Wesen ist mehr, als unserem rationalen Denken zugänglich ist. Wir modernen Menschen sind in einem Übermaß dominiert von unserem rationalen Bewusstsein und Denken. Langsam dämmert uns aber, dass wir damit unserer spirituellen Existenz und unserem Eingebundensein in das kosmische Ganze in keiner Weise gerecht werden können.

Menschen in allen traditionellen Gesellschaften haben die Pflanzen als mächtige Wesen betrachtet. Diesen Umstand beschreibt der Ethnobotaniker Wolf-Dieter Storl auf seiner Audio-CD „Vom Wesen der Pflanzen" ganz wunderbar. Die Menschen haben mit Pflanzen Kontakt aufgenommen, haben mit ihnen gesprochen und mit diesen mächtigen Wesen gemeinsam versucht, ihr Leben zu meistern. Storl beschreibt, dass Pflanzen auch besungen wurden, als hätte man sie mit Liedern an ihre Heilkraft erinnern wollen. Die angemessenen Worte dafür wurden nicht frei erfunden, sondern sie wurden den Singenden gleichsam von den Pflanzen selbst übermittelt. Um für diese Sprache offen zu sein, haben sich die Menschen in eine meditative Haltung, eine Haltung der wachen Aufmerksamkeit oder in einen tranceähnlichen Zustand begeben.

Neueste Ergebnisse aus dem Forschungszweig der Pflanzenneurobiologie bestätigen dieses alte Wissen und zeigen auf, dass Pflanzen über erstaunliche sensorische Fähigkeiten verfügen. Sie haben mehr Sinne bzw. Sensoren als wir Menschen. Pflanzen können offenbar sehen, hören, sprechen, riechen, schmecken, fühlen und kommunizieren. Das legt den Schluss nahe, dass wir Pflanzen bisher weit unterschätzt haben. Sie sind individuelle Subjekte mit Wert und Würde.

Die Idee, Pflanzen anzusprechen, gefällt mir und berührt mich sehr. Denn in der Sprache liegt das Geheimnis menschlichen Lebens. Mit unserer Sprache schaffen wir Beziehung und auch Bewusstsein. Bei den Beschreibungen von Pflanzen in den folgenden Kapiteln finden Sie daher Anregungen dafür, wie Pflanzen angesprochen werden können. Die Pflanzen werden mit den Worten gleichsam an ihr Wesen und die ihnen eigene Kraft erinnert. Die Fichte zum Beispiel wird angesprochen mit: „Fichte, du mütterlich-schützender Baum, du reinigst, befreist und bringst Licht."

Wenn die Menschen früher Pflanzen geerntet haben, um deren Heilkraft zu nutzen, so haben sie das in tiefer Ehrfurcht gemacht. Sie haben die Pflanzen als eigene Wesen angesprochen und sie um Hilfe gebeten. Manche überlieferten Aussprüche aus der Volksmedizin erinnern noch heute an die Hochachtung, die Heilpflanzen entgegengebracht wurde. So drückt etwa der Ausspruch „Vor Hollerstaudn und Kranewittn ruck i mein Huat und noag mi über dhoibe Mittn" die Achtung vor Holunder und Wacholder aus, vor denen die Menschen den Hut gezogen und sich tief verneigt haben.

Wünschelrute

Schläft ein Lied in allen Dingen,
Die da träumen fort und fort,
Und die Welt hebt an zu singen,
Triffst du nur das Zauberwort.

Joseph von Eichendorff

Die Ehrfurcht wurde aber auch ausgedrückt, indem der Natur etwas Kostbares gegeben wurde, bevor die Menschen sich etwas genommen haben. So haben sie als Zeichen des Dankes z. B. Milch vergossen oder sie haben die ersten drei und die letzten drei Früchte eines Baumes der Natur überlassen. Solche Überlieferungen laden uns ein, selber Wege zu finden, unsere Dankbarkeit für die Geschenke der Natur zum Ausdruck zu bringen. Eine Möglichkeit ist z. B., als Zeichen des Dankes einen Platz zu säubern.

Manchmal liegen an besonders schönen Plätzen oder bei Heilpflanzen, die wir sammeln wollen, achtlos weggeworfene Papierstücke, Blechdosen oder Plastikflaschen herum. Wir können diese Plätze reinigen und so unsere Achtung und Dankbarkeit zum Ausdruck bringen.

Für mich sind Pflanzen Multitalente und Gesamtkunstwerke. Wer sie auf ihre Inhaltsstoffe und ihre Wirksamkeit reduziert, rast am Wesen und der Magie der Pflanzen vorbei. Vergleichen Sie eine Pflanze mit einem Gedicht: Wenn Sie eine Zeile herausnehmen, mag die wunderschön sein, aber ihren Sinn bekommt die Zeile erst im Gesamtzusammenhang des Textes. Oder denken Sie an ein Musikstück. Musik lebt nicht nur von den Tönen, sie lebt auch von den Pausen, von der Dynamik und dem Inhalt, den sie uns übermitteln will.

Das Ganze ist mehr
als die Summe der Teile.

Aristoteles

Pflanzen sprechen Menschen an

Nicht nur der Mensch kann die Pflanze ansprechen, die Pflanze spricht auch den Menschen an. Vielleicht kennen Sie die Erfahrung, dass Ihnen bestimmte Pflanzen oder Bäume immer wieder auffallen und Sie sich zu diesen hingezogen fühlen. Oder Sie sind von einer Blüte besonders fasziniert. Vielleicht haben Sie Lieblingspflanzen. Vielleicht erscheinen Pflanzen in Ihren Träumen. Oder Sie finden Pflanzen an Stellen in Ihrer unmittelbaren Umgebung gehäuft, an denen sie bisher nicht zu sehen waren. All das sind Möglichkeiten, wie sich Pflanzen bei uns Menschen bemerkbar machen können, und Arten, wie sie uns ansprechen und mit uns in Kontakt zu treten versuchen.

Die Einladungen der Pflanzen an uns können wir also bewusst wahrnehmen. Was könnten sie von uns wollen? Vielleicht sprechen sie uns an und sagen: „Komm her und gib dir Zeit. Schau genau, was du da siehst. Vielleicht hast du Lust, mich zu zeichnen oder mit Worten zu beschreiben. Vielleicht magst du einfach nur versinken ins Schauen und Staunen. Komm her, berühre mich und lass dich von mir berühren. Komm her und riech an mir. Nimm meinen Duft in dich auf und lass ihn wirken. Komm her zu mir und lausche meiner Stimme, die nicht laut von außen, sondern vielleicht in Gefühlen, Bildern, Liedern in dir wach wird. Komm her und nimm mich wahr mit all deinen Sinnen. Tauche für einen Moment lang ein in meine Welt. Bekomme eine Ahnung von meinem Wesen. Lass dich ansprechen, lass dich inspirieren, lass uns verbunden sein."

Jede Pflanze hat eine ganz eigene Botschaft und Kraft. Ihre Aufgabe ist es, sich gemäß dem in ihr angelegten Plan zu entwickeln. Ein Gänseblümchen versucht nicht, eine Sonnenblume zu sein und aus einem Wacholderbusch wird kein Tannenbaum. Diese Botschaft der Pflanzen an uns Menschen ist klar: „Lebe so, wie es deiner Natur, deinem innersten Wesen entspricht. Dann wirst du aufblühen und aus deiner inneren Quelle genährt werden."

Die Heilpraktikerin und Dozentin für Pflanzenheilkunde, Beate Bley, bringt ihre Kommunikation mit Pflanzen folgendermaßen zum Ausdruck: „Diese Verbindung wird nicht über den Verstand, sondern über unser Herz aufgebaut. Ich schwinge mich auf die Pflanze ein, wende mich ihr zu und öffne mich ihrem Wesen. Diese Offenheit führt dazu, dass Informationen zwischen der Pflanze und mir fließen können. Ich stelle Fragen und erhalte von der Pflanze Antworten."

Das Große ist nicht dies oder das zu sein, sondern man selbst zu sein.
Søren Kierkegaard

Eine meiner Freundinnen singt liebend gerne. Sie macht immer wieder die Erfahrung, dass ihr in der Begegnung mit Pflanzen Lieder „einfallen". Wenn sie dann aber wieder zu Hause ist, sind die Lieder samt Text und Melodie weg. Sie entschwinden so schnell, wie sich ein soeben noch erinnerter Traum zwischen Aufwachen und Aufstehen dem Bewusstsein entzieht. Sie hat sich daher angewöhnt, die Kräuterlieder direkt bei der jeweiligen Pflanze zu singen und gleich an Ort und Stelle mit Hilfe ihres Mobiltelefons aufzuzeichnen. Zu Hause schreibt sie Text und Melodie dann auf, damit diese Lieder nicht verschwinden.

Das intensive Anschauen einer Pflanze ist ein guter Einstig, einer Pflanze zu lauschen. Denn Pflanzen geben uns schon durch ihre Gestalt und ihren Standort Auskunft über ihr Wesen und ihre Heilwirkung. Die Gestalt oder Signatur gilt als Schlüssel zur Heilkraft. Wie wir Menschen sind auch die Pflanzen mehr als das, was sichtbar ist und sich anfassen lässt. Sie sind Wesen mit Seele und Geist. Vielleicht ist es gerade diese Ebene, auf der Pflanzen uns anzusprechen vermögen. Achten Sie also darauf, welche Pflanzen Ihr Herz besonders berühren und lernen Sie diese besser kennen.

ZUR GESCHICHTE DES RÄUCHERNS

Räuchern – Auf den Spuren alter Kulturen

Feuer zu machen zählt zu den ältesten Fertigkeiten des Menschen. Wenngleich wir heute ziemlich verloren wären, wenn wir dies ohne Hilfsmittel wie Feuerzeug oder Zündhölzer machen wollten. Schon zu Urzeiten wurde duftendes Holz ins Feuer geworfen. Wahrscheinlich haben die Menschen nach und nach entdeckt, dass der duftende Rauch die Stimmung der Menschen rund ums Lagerfeuer beeinflussen konnte.

Wenn wir uns mit dem Räuchern beschäftigen und selber räuchern, können wir das im Bewusstsein machen, an uralte und weltweit verbreitet Traditionen anzuknüpfen. Der Ursprung des rituellen Räucherns ist schwer in einem bestimmten Zeitraum oder einer bestimmten Kultur festzumachen. Alte Spuren gibt es in vielen Erdteilen. Schon in den Gräbern der Neandertaler wurden Beifuß-Beigaben und Räucherwerk gefunden – Beifuß ist die älteste Schutz- und Heilpflanze der Nordhalbkugel.

Wo Räucherduft war, dort waren die Götter, so das Bild. Vor der Epoche des rationalen Bewusstseins wurde die Behandlung eines erkrankten Menschen stets als spirituelle Handlung verstanden, als Vermittlung zwischen der sichtbaren Welt und der unsichtbaren Welt der Götter. Wenn nun Menschen den Räucherduft eingeatmet haben, hat sich die göttliche Kraft auf sie übertragen. So wurde nicht nur bei wichtigen Zeremonien geräuchert, sondern auch im „Hausgebrauch". Mit Rauch wurden Räume desinfiziert, Kranke behandelt, Schädlinge vertrieben (z. B. aus Korn- und Speisekammern) und Nahrungsmittel haltbar gemacht (z. B. Speck oder Fisch).

Das Wort *Weihrauch* leitet sich ab von *weihen* und geht zurück auf das althochdeutsche *wîhrouch*, das „heiliger Rauch" bedeutet. Mit Weihrauch geweihte Nächte wurden zu Weih-Nächten, zu Heiligen Nächten. Als Weihrauch wird daher häufig eine Räuchermischung verschiedener Harze und Pflanzen bezeichnet und nicht nur der orientalische Räucherstoff Olibanum, den wir als Weihrauch kennen.

Blicken wir nach **Asien**, auf den Kontinent des Weihrauchs. Weihrauch ist seit Tausenden von Jahren das begehrteste Räucherharz der Erde. Durch den Handel mit Weihrauch entstand im 2. Jh. v. Chr. die für die damalige Zeit bedeutendste Handelsstraße, die Asien mit Europa verband: die mehr als 3.000 Kilometer lange Weihrauchstraße. Um die 10.000 Lastkamele und etwa 100 Tagesmärsche benötigte man, um die rund 1.500 Tonnen Weihrauchharz, die Rom jährlich verbrauchte, aus Südarabien nach Gaza zu befördern.

In **Indien** gehört das Räuchern bis heute zum Alltag. Meist werden Räucherstäbchen verwendet. In der indischen Rigveda (Upanischaden), einer der ältesten religiösen Schriften der Erde, sind Rituale mit duftendem Räucherwerk beschrieben, um sich mit deren Hilfe von Sünden und negativen Charaktereigenschaften reinigen zu können. Auch in der traditionellen ayurvedischen Medizin wurden Räucherungen intensiv genutzt.

In der **tibetischen Psychiatrie** werden Räucherungen heute noch bei allen mentalen und psychischen Störungen als hoch wirksam geschätzt.

In **China** gab es schon lange, bevor die großen Religionen Taoismus und Konfuzianismus entstanden sind, ausgiebige Räucherzeremonien. In der chinesischen Sprache gibt es einen Ausdruck für das Räuchern, der sinngemäß bedeutet „dem Räucherwerk zuhören – dem Duft lauschen". Jeder Duft trägt verschiedene Welten, Geschichten und Erlebnisse in sich, die sich offenbaren können. Im Duft liegen die Informationen verborgen, denen es zu lauschen gilt. Diese Überzeugung ist weit verbreitet. Da die verschiedenen Räucherwerke fähig sind, unsere Psyche zu beeinflussen, zu klären und zu festigen, nehmen sie in der Traditionellen Chinesichen Medizin (TCM) einen wichtigen Platz ein.

Japan ist heute das Land mit der größten Vielfalt an Räucherwerken. Typisch für die japanische Kultur ist neben der Blumensteckkunst und den Teezeremonien auch der sogenannte Räucherweg Koh-Do. Dem Duft zu lauschen wurde aus China übernommen und zur hohen Kunst weiterentwickelt. Denn das bewusste Wahrnehmen schult die Aufmerksamkeit und Achtsamkeit und öffnet die Sinne für Höheres.

Heute wird in vielen **Stammeskulturen** noch geräuchert, um die Ahnen anzurufen, um Glück und Wohlstand anzuziehen oder um böse Geister von Haus und Hof fernzuhalten. Schamanen, Seher und Heilerinnen versetzen sich durch Räuchergut in Trance, um Kontakt mit Göttern oder der Anderswelt aufzunehmen und um Heilsames zu bewirken.

In **Afrika** wurde und wird zu medizinischen Zwecken geräuchert. Was die Medizinmänner dafür verwenden, bleibt jedoch streng geheim.

Bei den **Indianern** wird das getrocknete Räucherwerk auf glühende Steine gelegt. Das ist eine Methode, die für feinere Räucherstoffe wie Kräuter sicher besser geeignet ist als die Verwendung von glühenden Kohlen. Das Räucherwerk wurde aber auch in Tonpfeifen angezündet und in der Runde weitergereicht. Die Verwendung von Tabak erfolgte nur rituell. Meist wurde er aber nicht verräuchert, sondern in kleine Beutel gefüllt und als Amulett getragen.

Interessanterweise wird weltweit zu Beginn, während und zum Abschluss **schamanischer Rituale** geräuchert. Das Räuchern markiert gleichsam den besonderen Zeitraum des Rituals. Auf der ganzen Erde gilt der aufsteigende Rauch als Zeichen für die Anwesenheit der Götter. Der Duft wird als Nahrung der Götter, als „Götterspeise" wahrgenommen. Für die Menschen wirkt der Geruch immer wieder wie ein Anker, der Erinnerungen an diese besonderen Zeiträume wachruft.

In **Ägypten** wurden in den Pyramiden Gefäße mit duftenden Inhaltsstoffen gefunden. Diese Gefäße trugen chinesische oder indische Schriftzeichen. Das Räucherwerk aus diesen Ländern war so kostbar, dass es in Ägypten mit Gold aufgewogen wurde. Nur wer reich war, konnte sich das leisten. Das einfache Volk behalf sich seit jeher mit Dufthölzern, Harzen und Kräutern aus der Umgebung.

Im alten Ägypten wurde das Räuchern äußerst gezielt und vielfältig eingesetzt. Der angenehme Geruch wurde dem Duft der Götter zugeschrieben und durfte daher nie fehlen, wenn diese angerufen wurden. Am Tempeleingang standen links und rechts Schalen mit Räuchergut. Die Gläubigen wurden an der Schwelle mittels Rauch von negativen Gedanken und Einflüssen gereinigt und auf die Zeremonie vorbereitet.

Mit dem Rauch von Weihrauch, Zimt, Wacholder oder Kalmus wurden Getreidekammern gezielt von Schädlingen wie z. B. Getreidemotten befreit. Bei allen Totenritualen war es üblich, zu räuchern, die Düfte sollten den Toten Kraft geben für ihre Reise. Im Orient dient Räuchergut noch heute zum Parfümieren von Kleidung und Körper. *Per Fumum* bedeutet „durch den Rauch".

Bedeutende **europäische Handelswege** aus vorrömischer Zeit waren die „Bernsteinstraßen". Sie stellten die Verbindung zwischen der Nord- oder Ostsee und dem Mittelmeer her. Bernstein ist ein Schmuckstein aus fossilem Harz. Der seit Jahrtausenden weit verbreitete baltische Bernstein wurde nicht nur als wertvoller Schmuckstein sehr geschätzt, sondern auch als rituelles Räuchermittel verwendet. In Dänemark und dem südlichen Ostseegebiet wurde ab 8.000 v. Chr. Bernstein zur Herstellung von Schnitzereien mit Tiermotiven (Tieramuletten) genutzt. Schamanen nutzten ihn als Weihrauch, sodass ihm eine rituelle Bedeutung zukam. Bereits zur Bronzezeit war der Baltische Bernstein ein bedeutsames Tauschobjekt und Handelsgut. Er gelangte in den Süden und war so wertvoll, dass er mit Gold aufgewogen und als Gold des Nordens bezeichnet wurde. Noch heute gehört er zu den wichtigsten Bestandteilen von Räucherwerk für die Raunächte.

Schon in der Steinzeit hat der **Zunderschwamm** die mühsame Arbeit des Feuermachens erleichtert, da er schnell zu glimmen beginnt und sich entzündet. Bereits damals wurde er auch zum Räuchern verwendet. Die Gletschermumie Ötzi trug zwei Baumschwämme bei sich. Möglicherweise hätten diese auf dem Weg durch die Alpen vor rund 5.400 Jahren dazu dienen sollen, Feuer zu machen. Der Zunderschwamm war über viele Jahrhunderte eine begehrte Handelsware. Die lederartige Oberschicht wurde zu Lappen geformt, die dann zu Kleidungsstücken wie Westen, Hosen, Handschuhen oder auch zu Handtaschen weiterverarbeitet wurden. Die steigende Beliebtheit des Pfeifen- und Zigarrenrauchens machte den Zunderschwamm unersetzlich und sicherte der armen Bevölkerung den Lebensunterhalt.

Auch in der **griechischen Antike** galten edle Düfte als Hinweis auf die Anwesenheit der Götter. Weihrauch und Myrrhe wurden bei religiösen Räucherungen und für Orakelsprüche verwendet. Bei Festen wurde zur Freude und zu Ehren der Götter wohlriechendes Räuchergut eingesetzt. In der Medizin waren Rauch und Düfte fixe Bestandteile des Heilungspro-

Rudolf Steiner

zesses. Zu diesem gehörten beispielsweise Spaziergänge in duftenden Gärten. Ein Teil der Behandlung fand in Tempeln statt, in denen geräuchert wurde. Dies waren die Orte für das Gebet und die Patienten konnten sich dort auch gesund schlafen.

Die **Römer** übernahmen von den Griechen unter anderem die Vorliebe für Düfte. Das führte zu Beginn der Kaiserzeit (27 v. Chr.) zu einer maßlosen Verschwendung teurer Räucherstoffe, Duftöle und Duftsalben. Die Römer konnten sich die Liebe nicht ohne Düfte vorstellen und auch zum Alltag gehörte es, angenehm und intensiv zu riechen. Kleidung und Räume wurden ebenso ausgiebig beduftet. Besonders verschwenderisch wurde nach Siegeszügen geräuchert.

Räuchern in den Weltreligionen

In **buddhistischen Tempeln** wird auch heute noch täglich geräuchert. Der Zen-Buddhismus verweist darauf, dass das Räuchern als symbolische Handlung ohne die entsprechende Gesinnung völlig nutzlos ist.

Im **Hinduismus** werden Räucherstäbchen in Tempeln, bei Zeremonien und zur Meditation verwendet.

Im **Islam** wurde nicht nur geräuchert. Moschus etwa wurde sogar beim Bau von Moscheen verwendet. Er wurde in den Mörtel gemischt, um die Gläubigen an das Betreten des Paradiesgartens zu erinnern.

Im **Judentum** hingegen war die ästhetische Verwendung von Räuchergut, etwa zum Parfümieren der Kleidung, verboten. Geräuchert wurde nur von Priestern und zu „heiligen Zwecken".

Betrachten wir die großen Weltreligionen, so war das Räuchern im **Christentum** ursprünglich am wenigsten ausgeprägt. Die Sprache Jesu war die des einfachen Volkes und für seine Botschaft waren großartige Zeremonien nicht von Bedeutung.

Räucherrituale waren in der heidnischen Kultur tief verwurzelt. Geräuchert wurde zu bestimmten Übergangszeiten des Jahres, zur Sommer- und Wintersonnenwende, zur Frühjahrs- und Herbst-Tagundnachtgleiche sowie zu den Mondfesten dazwischen. Geräuchert wurde auch zu wichtigen Ereignissen im Leben wie Geburt, Hochzeit, Krankheit und Tod. Da das Christentum diese Völker bekehren wollte, wurde Räucherwerk ursprünglich abgelehnt. Erst später wurde begonnen, es auch bei Gottesdiensten zu verwenden. Bis heute wird nun auch im Christentum bei Prozessionen, bei Begräbnissen oder zur Einweihung von Kirchen und Häusern geräuchert. Am häufigsten wird in den orthodoxen Kirchen geräuchert.

Räuchern – Auf der Suche nach Verbundenheit

Räucherdüfte wirken auf den gesamten Menschen: auf den Körper, die Seele, das Unterbewusstsein und auf die Umgebung. Die spiralförmig aufsteigenden Rauchschwaden lassen uns zur Ruhe kommen und helfen, die Alltagshektik hinter uns zu lassen und uns auf uns selbst zu besinnen. Meistens fehlt uns die Zeit für so etwas „Magisches". Das enorme Tempo und die Fülle an Reizen, die täglich auf uns einströmen, lassen keinen Platz für Ruhe und Muße. Aber nicht von ungefähr sind Räucherungen auch heute noch Bestandteil von meditativen Praktiken. Sie sind Hilfsmittel auf dem Weg in andere Bewusstseinszustände.

Im Rauch, der von der Erde zum Himmel aufsteigt, haben sich die Menschen aller Kulturen und Religionen mit dem Göttlichen verbunden. Das Wort *Religion*, das sich vom lateinischen *religio* ableitet, bedeutet „Rückbindung" oder „wieder verbinden". Der aufsteigende Rauch ist eine Botschaft an den Himmel. Rauch verbindet die materielle und die spirituelle Ebene, die diesseitige und die jenseitige Welt, das Wahrnehmbare und das Unsichtbare, Unbegreifliche.

Wir nehmen Rauch auf über unseren Atem, über die Haut, über unseren Geruchssinn und mit dem Herzen. Beim Einatmen gelangen die Pflanzenwirkstoffe über die Atemluft in die Lunge und dann weiter direkt in den Blutkreislauf. Wir können uns so in dunklen oder stürmischen Zeiten der heilsamen Energie der Pflanzen öffnen. „Schlechte Gedanken" lösen sich im Rauch auf und können so vertrieben werden.

Beim Räuchern werden ätherische Öle freigesetzt. Das Wort *ätherisch* wurde früher mit *himmlisch* übersetzt. Im Duden wird es übersetzt mit *hauchzart*, *engelhaft zart* und *vergeistigt*. In diesem Wort steckt also auch die Verbindung zur geistig-seelischen Welt. Düfte bringen uns in Verbindung mit der spirituellen Welt und dem Feinstofflichen.

Das Göttliche umgibt und erfüllt uns wie die Luft, die wir atmen. Das alte hebräische Wort *Rûach* bedeutet im biblischen Sinn auch „Geist Gottes", „Lebensatem". Rûach ist die schöpferische Lebenskraft, die in allem atmet, lebt und wirkt. Rûach bezeichnet die Erfahrung tiefer Lebendigkeit und Verbundenheit mit allem Leben, das „Sich-eingebunden-Wissen" in ein größeres Ganzes. Pfingsten ist das Fest des Heiligen Geistes, des Geistes Gottes. Rûach ist der Lebensatem, der uns durchströmt und verwandelt. Er bringt den frischen Wind der Begeisterung in unser Leben. Wenn wir selber von etwas begeistert sind und voller Freude davon erzählen, kann der Funke der Begeisterung auch auf andere überspringen. Begeisterung macht lebendig und aktiviert.

Das lateinische Wort *inspirare* bedeutet „einhauchen". Wenn wir Räucherdüfte achtsam einatmen, können sie uns etwas einhauchen, uns inspirieren.

Jedes Räuchergut hat einen bestimmten Duft und eine bestimmte Wirkung auf uns und unsere Umgebung. Wir können mit dem Räuchern reinigen, heilen, schützen, segnen, einen geistigen Raum schaffen und vieles mehr. Durch das Räuchern werden die Kraft der Pflanzen und all die Sonnenenergie, die die Pflanzen speichern, wieder frei.

Wie achtsam und wertschätzend Räucherwerk verwendet wurde, findet sich in den Ausführungen eines Zen-Priesters aus dem 16. Jahrhundert. Er hat die zehn Tugenden vom „Duft des Räucherns" formuliert:

* Räucherwerk ermöglicht die Kommunikation mit dem Transzendenten.

* Räucherwerk reinigt Körper, Seele und Geist.

* Räucherwerk vertreibt negative Schwingungen aus der Umgebung.

* Räucherwerk hilft uns achtsam zu bleiben.

* Räucherwerk ist ein treuer Freund in Zeiten der Einsamkeit.

* Räucherwerk garantiert uns Momente des Friedens in einer geschäftigen Welt.

* Auch wenn man häufig und viel räuchert, wird man dessen doch nie müde.

* Selbst wenn wir nur ganz wenig davon haben, auch eine kleine Menge wird uns zufrieden stellen.

* Wird Räucherwerk auch lange gelagert, es verliert weder Duft noch Wirkung.

* Sogar bei täglicher Verwendung schadet das Räucherwerk nicht.

Dreimal drei ist neunerlei

Die Zahl Neun gilt in vielen Kulturen als Zahl der Vollkommenheit und der Weisheit. Sie enthält dreimal die als göttlich angesehene Zahl Drei. In vielen Sprachen ähnelt das Wort für die Zahl Neun dem Wort für „neu".

Die altisländische Literatur „Edda" erzählt vom Weltenbaum, Yggdrasil genannt. Der Weltenbaum wird von drei großen Wurzeln getragen. Er verkörpert das gesamte Universum. Die neun Welten am Weltenbaum bestanden aus den acht Himmelsrichtungen und dem Zentrum. In der Neun waren die Zahlen Fünf und Vier enthalten: Die Fünf umfasste Zeit und Raum, die Vier die Haupthimmelsrichtungen. Den neun Welten am Weltenbaum und ihren Bewohnerinnen und Bewohnern wurden wiederum neun Kräuter geweiht. Diese „neunerlei Kräuter" dienten als eine Art magische Medizin, als Apotheke, als Räucherwerk. Im Volksbrauchtum lebt diese Tradition bis heute weiter, z. B. in den Palmbuschen oder in den Kräuterbuschen.

Neunerlei Hölzer

Neun verschiedene Hölzer symbolisierten bei den Germanen den gesamten Wald. Mit den Harzen wurde der Wald durchräuchert und geweiht. So wurde er zum „heiligen Hain". Bis heute werden verschiedene heimische Harze als Waldweihrauch bezeichnet. Beim Verräuchern von neunerlei Holz vereint sich der Geist des Waldes. Die neunerlei Hölzer wurden zur Sommer- und Wintersonnenwende geräuchert und verbrannt. Sie wurden daher auch als Sonnwendhölzer bezeichnet. Ihre Zusammensetzung variierte. Verwendet wurden etwa die bei den Germanen heiligen Bäume: Fichte, Tanne, Kiefer, Birke, Esche, Buche, Hartriegel, Holunder und Wacholder. Auch hier findet sich in der Zusammensetzung wieder die Zahl Drei: Das Holz von dreierlei Nadelbäumen, dreierlei Laubbäumen und dreierlei Sträuchern ergab neunerlei Hölzer. Auch für die sogenannten Notfeuer wurden neunerlei Hölzer verwendet. Wenn Viehseuchen aufkamen, wurden die Tiere durch einen Hohlweg getrieben, vorbei an drei brennenden Scheiterhaufen mit neunerlei Holz. Christian Rätsch beschreibt das in seinem faszinierenden Buch „Der heilige Hain".

Diese magischen Zahlen finden Sie auch in diesem Buch wieder: Die acht Jahreskreisfeste verbinde ich mit je drei Räucherpflanzen und die drei ältesten Räucherpflanzen, deren Beschreibung Sie am Ende des Buches finden, verbinde ich mit der alten Dreiteilung des Jahreskreises.

Kapitel 3

JAHRESKREIS UND RÄUCHERPFLANZEN

Die Jahreskreisfeste im Überblick

Was nicht gefeiert wird, geht unbemerkt vorbei. Mit der folgenden Beschreibung der Festzeiten im Jahreskreis will ich Sie anregen, auch aus kleinen und wiederkehrenden Ereignissen besondere Momente zu machen.

Ich habe im vergangenen Jahr zu jeder Festzeit im Jahreskreis einen Quellenabend gestaltet. In einer kleinen Runde von bis zu zwölf Personen haben wir uns mit der Kraft der jeweiligen Jahreszeit verbunden und uns so für die Übergänge im eigenen Lebenslauf gestärkt. Für mich war auch schon die Vorbereitung auf diese Abende inspirierend und bereichernd.

Für die Gestaltung dieser Jahreszeitfeste habe ich das Bild der Quelle aufgegriffen. Aus einer Quelle können wir frisches, lebensspendendes Wasser schöpfen. Eine Quelle versorgt alles Wachsende und Blühende mit Lebensenergie. Eine Quelle zentriert unseren Blick auf ihren sprudelnden Mittelpunkt und lässt uns zur Ruhe kommen und neue Kraft finden. Ein Quellenabend eröffnet die Möglichkeit, zur eigenen Quelle zu gehen, und den Raum, sich zu stärken und zu erfrischen, neue Inspiration zu finden und sich selbst, die Menschen um uns und die Natur näher und bewusster wahrzunehmen. Das geschieht auf unterschiedliche Weise: im meditativen Dasein, im gemeinsamen Austausch, in Sinnes- und Körpererfahrungen, in der Begegnung mit heimischen Heilpflanzen, im Tanzen und Singen.

Der Jahreskreis lädt uns ein, immer wieder aus dem Alltag auszusteigen, uns mit dem Rhythmus zu verbinden, in den wir eingebunden sind. Alte germanische oder keltische Vorstellungen aus unserem Kulturkreis, Bilder der christlichen Spiritualität und die Heilkraft und Magie heimischer Pflanzen können uns dabei inspirieren und begleiten.

SONNEN-UND MOND-FESTE/JAHRESZEIT	CHRISTLICHES FEST	KELTISCHER URSPRUNG	LEBENS-ZEIT	TAGES-ZEIT	HIMMELS-RICHTUNG	DATUM
Wintersonnenwende	Weihnachten	12 Raunächte	Geburt	Mitternacht	Norden	21. Dez
Schmelzmond – zunehmender Mond	Lichtmess	Imbolc	Kindheit	Nacht	Nordosten	02. Feb
Frühlings-Tagundnachtgleiche	Ostern	Alban Eilir	Jugend	Morgen	Osten	variiert
Wonnemond/ Vollmond		Beltane/ Walpurgis	(junges) Erwachsenenalter	Vormittag	Südosten	30. Apr
Sommersonnenwende	Johannis	12 Heilige Tage	Lebensmitte	Mittag	Süden	21. Jun
Erntemond – absteigender Mond	Maria Himmelfahrt	Kräuterweihe/ Lughnasad	frühes Alter	Nachmittag	Südwesten	01. Aug
Herbst-Tagundnachtgleiche	Erntedank	Alban Elved	Alter	Abend	Westen	21. Sep
Nebelmond/ Neumond	Allerheiligen/ Allerseelen	Dunkelheitsfest Samhain	Greisenalter	Nacht	Nordwesten	01. Nov

Ein Segen für jeden Anlass

Mögen deine Füße erfüllt sein mit Tanz
und deine Arme mit Kraft.

Möge dein Herz erfüllt sein mit Zärtlichkeit
und deine Augen mit Lachen.

Mögen deine Ohren erfüllt sein mit Musik
und deine Nase mit Wohlgerüchen.

Möge dein Mund erfüllt sein mit Jubel
und dein Herz mit Freude.

Gott schenke dir immer neu
die Gewissheit, geborgen zu sein.

Er schenke dir Zuversicht
und Hoffnung in Unsicherheiten.

Er gebe dir Kraft und Freude am Sein
und in deinen vielfältigen Beziehungen.

Sei gesegnet in allem.

Christa Spilling-Nöker

DIE RAUNÄCHTE

Als Raunächte bezeichnen wir die Nächte um den Jahreswechsel, zu denen bei uns heute noch am häufigsten geräuchert wird.

Dieser sehr alte Brauch ist ebenso erhalten geblieben wie die Erinnerung an manche Verbote, wie z. B. in den Raunächten keine Wäsche an der Wäscheleine hängen zu lassen. Wenn wir diese alten Bräuche genauer betrachten, können wir sie vom Staub der Zeit befreien, sie neu deuten und ihnen damit auch für unsere Zeit Sinn geben.

Die Anzahl der Raunächte variiert je nach Region zwischen vier und zwölf Nächten im Zeitraum zwischen der Wintersonnenwende am 21. Dezember und dem Dreikönigstag am 6. Jänner.

Am bekanntesten sind die vier Raunächte:

* **21./22. Dezember**
  (Wintersonnenwende, längste Nacht des Jahres, Thomasnacht)

* **24./25. Dezember**
  (Heilige Nacht, Christnacht)

* **31. Dezember/1. Januar**
  (Silvester)

* **5./6. Januar**
  (Epiphaniasnacht, Erscheinen Gottes, Heilige Drei Könige)

„Raunacht gibt´s vier, zwoa foast und zwoa dirr." Diesen Ausspruch kennen ältere Menschen noch gut. Welche als dürre oder magere Raunächte und welche als „foaste", also fette Raunächte bezeichnet wurden, darüber gehen die Meinungen auseinander. Bezogen haben sich diese Ausdrücke auf die Speisen, da in den dürren Nächten kein üppiges Mahl erlaubt war. In den „foasten" Raunächten hingegen wurde sogar in der kargen Winterzeit reichlich Mahl gehalten.

Seinen Ursprung hat das Brauchtum der Raunächte vermutlich in der Zeitrechnung nach einem Mondjahr. Ein Jahr aus zwölf Mondmonaten umfasst nur 354 Tage. Wie in allen einfachen Mondkalendern werden die auf die 365 Tage des Sonnenjahres fehlenden elf Tage – beziehungsweise zwölf Nächte – als „Zeit außerhalb der Zeit" eingeschoben.

In der Mythologie wird davon ausgegangen, dass die Gesetze der Natur in dieser Zeit außer Kraft gesetzt sind und daher die Grenzen zu anderen Welten fallen. Die Raunächte waren geheimnisvoll und mystisch. Die Verbindung zu den Ahnen, zu Naturwesen, zu Engeln, zum ganzen Kosmos war leichter möglich als sonst. Das machte diese Nächte aber auch gefährlich. In vielen Kulturen, die ein solches Kalendersystem verwendet haben, war diese Zeitspanne daher mit Ritualen und Brauchtum verbunden, um sie gut zu überstehen. Die Bräuche halfen, die Angst vor der Zukunft zu überwinden und Hoffnung zu schöpfen.

Es heißt, dass in den Raunächten die Seelen der Verstorbenen, die „vor der Zeit" verstorben sind, also vor dem Ende ihres normalen Lebensalters, als Wilde Jagd durch die Luft brausen. Angeführt wurde die Wilde Jagd von Wotan, einem der wichtigsten Götter der germanischen Mythologie. Im Alpenraum trat Perchta an seine Stelle und im Norden auch Frau Holle. Mit dem in diesen Nächten entzündeten Räucherwerk wollte man die Wilde Jagd vom Haus fernhalten. Die Bezeichnung *Raunacht* wird auf verschiedene Wurzeln zurückgeführt: Das Wort *rau* deutet zum einen auf die raue Winterzeit hin, in der es draußen kalt, nass, unwirtlich und finster ist. Es leitet sich ab vom mittelhochdeutschen Wort *rûch*, das ursprünglich „behaart, pelzig, wild" bedeutete. Auch diese Eigenschaften beziehen sich auf die Wilde Jagd, die mit Fellen bekleidet durch die Lüfte flog. Das Wort *rauch* bezieht sich auf den uralten Brauch, in dieser Zeit zwischen den Jahren mit verschiedenen Harzen und Kräutern zu räuchern, um die Wilde Jagd und die bösen Geister zu vertreiben und die Behausungen zu reinigen.

Bräuche der Raunächte

Die Vorschriften für die Raunächte waren klar geregelt: Im Haus durfte keine Unordnung herrschen, in den Nächten sollte stets ein Licht im Fenster stehen, es durfte keine Wäsche aufgehängt werden und die Räder sollten stillstehen. Um Haus und Hof, Mensch und Tier zu schützen, wurde geräuchert. Das Räucherwerk wurde reichlich auf eine tragbare Räucherpfanne mit glühenden Holzkohlen gestreut. Mit der dampfenden Glut sind die Menschen durch Haus und Hof gegangen und haben in jedem Raum die vier Himmelsrichtungen sowie alle Schwellen, Tore und Türen beräuchert. Die Menschen haben sich an die Vorschriften der Raunächte gehalten, haben vielleicht auch im übertragenen Sinn darin Halt gefunden. Schließlich galt es, sich vor der Wilden Jagd zu hüten.

ORDNUNG SCHAFFEN

Die Wilde Jagd kann sich in einem unordentlichen Haus leicht verfangen und ist dann nicht mehr wegzubringen. Im übertragenen Sinne stimmt das natürlich: Wenn unnützes Zeug den Raum verstellt und sich unerledigte Dinge stapeln, kann das aussehen, als wäre die Wilde Jagd unterwegs gewesen. Das Durcheinander kann uns die Luft zum Atmen nehmen und wir fühlen uns nicht mehr wohl in unseren eigenen Räumen. So ein Zustand raubt uns Energie. Vor den Raunächten wurde also aufgeräumt, geputzt und Ordnung geschaffen. Wenn wir heute etwas Altes abschließen, wenn wir Dinge oder auch Gedanken neu ordnen, schaffen wir Platz und Klarheit. Die Regel, Ordnung zu schaffen, kann zum Weihnachtsputz anregen. Sie kann aber auch einladen, noch einmal auf das zurückliegende Jahr zu blicken und es gedanklich zu ordnen: Wovon möchte ich mich verabschieden? Was will ich loslassen? Was ist gelungen? Was sind die Schätze und Kostbarkeiten des vergangenen Jahres?

EIN LICHT ANS FENSTER STELLEN

Früher bestimmte das Sonnenlicht den Tagesrhythmus. Wenn es finster wurde, konnten beim Licht der Kienspäne und Öllampen nur mehr wenige Arbeiten verrichtet werden. Das Licht hatte also eine wesentlich höhere Bedeutung als heute. In der dunklen Jahreszeit sehnten sich die Menschen nach Licht. Mit dem Licht am Fenster war zumindest ein kleiner Licht- und Hoffnungsstrahl sichtbar für die Menschen im Haus und auch außerhalb. Im übertragenen Sinn steht das Licht am Fenster auch für das eigene Lebenslicht, für das der Mensch Sorge zu tragen hat. Wenn jemand etwas mit voller Freude macht, beginnen die Augen, die ja auch als Fenster der Seele bezeichnet werden, zu leuchten. Vielleicht will uns das Kerzenlicht anregen, das innere Feuer zu hüten und uns an das erinnern, was unsere Augen zum Leuchten bringt. Im neuen Jahr könnte dieses eigene Licht ja mehr Platz bekommen.

KEINE WÄSCHE WASCHEN UND NICHTS ZUM TROCKNEN NACH DRAUSSEN HÄNGEN

Das Waschen der Wäsche mit Waschbrett und Bürste war früher eine schwere Arbeit. In der klirrenden Kälte des Winters war sie nahezu unzumutbar. Die Vorstellung, dass sich die Wilde Jagd in der zum Trocknen im Freien hängenden Wäsche verfangen könnte, machte das Wäschewaschen zu dieser Zeit zum Tabu. Übertragen auf unsere Zeit könnte dieser alte Brauch eine Einladung sein, die Arbeit einmal liegen zu lassen oder das, was schwer fällt, einmal gut sein zu lassen. Diese Zeit ist dem Ausruhen gewidmet. Im Ruhen kann eine meditative Stimmung entstehen. Wer regelmäßig zur Ruhe kommt, befreit sich vom Gefühl, durch den Tag gehetzt zu werden oder getrieben und fremdbestimmt zu sein.

DIE RÄDER STILLSTEHEN LASSEN

In den Wintermonaten saßen früher die Frauen zusammen an den Spinnrädern. Zur Zeit der Raunächte aber standen die Räder still. Auch das kann als Hinweis verstanden werden, die Arbeit ruhen zu lassen und einmal einfach nur da zu sein. Diese Vorschrift kann uns aber auch auf die Hamsterräder unseres Alltags aufmerksam machen und uns anregen, uns aus festgefahrener Routine zu befreien. Das Bild der stillstehenden Räder könnte ein Impuls für uns sein, die ewig kreisenden Gedanken im Kopf bewusst zu stoppen. Am einfachsten gelingt das mit unserer sinnlichen Wahrnehmung und ohne Beurteilen. Versuchen Sie ganz im Augenblick zu sein: Was sehen Sie? Was hören Sie? Was riechen Sie? Was schmecken Sie? Was spüren Sie? Wie fühlt sich dieser Moment an?

DIE ZEIT, IN DER DIE TIERE SPRECHEN

Noch von meiner Großmutter kenne ich die Erzählung, dass in der Heiligen Nacht die Tiere im Stall sprechen würden. Ich bekam schon als Kind unglaubliche Lust, dem zuzuhören, wagte es aber nicht, allein in den Stall zu gehen, denn die Tiere zu hören wurde als lebensgefährlich bezeichnet. Die Lust am Zuhören ist mir dennoch geblieben. Vielleicht ist die Erzählung von den sprechenden Tieren eine Einladung zum Lauschen – auf die eigene innere Stimme, auf das, was die Menschen um uns mit ihrem Wesen ausdrücken, und auch auf die Wesen in der

Natur. Dieses Lauschen setzt voraus, still zu werden, so still, als wollte man Tiere sprechen hören.

Die Wirklichkeit eines anderen Menschen liegt nicht in dem, was er Dir offenbart, sondern in dem, was er Dir nicht offenbaren kann. Wenn Du ihn daher verstehen willst, höre nicht auf das, was er sagt, sondern vielmehr auf das, was er verschweigt.

Khalil Gibran

PERCHTEN UND GLÖCKLER VERTREIBEN DIE FINSTERNIS

Wer wagt es, der Wilden Jagd entgegenzutreten? Wer ist imstande, das Böse und die Finsternis davonzujagen? In den Raunächten treten heute noch die Perchten und Glöckler auf. Sie sind es, die mit ihren Masken, Peitschen und Glocken die dunklen Kräfte und den Winter vertreiben. Die Perchten und Glöckler können uns mit unserer eigenen kämpferischen Natur in Verbindung bringen. Vielleicht wollen sie uns anstacheln, geradlinig für das einzustehen, was uns wichtig ist, und so eine neue Zeit einzuläuten.

Denn wer Gefühle wie Wut immer im Zaum hält, schafft sich andere Ventile, die ein gelingendes Zusammenleben unmöglich machen: Zynismus, der beleidigt und entwertet, chronisches Gekränktsein oder psychosomatische Erkrankungen.

Vera Griebert-Schröder und Franziska Muri haben die Rituale dieser Zeit in ihrem Buch „Vom Zauber der Rauhnächte" ausführlich beschrieben.

„Rauch und Brauch" war das Thema eines Abends in der Adventzeit, zu dem die fünfköpfige Frauenmusikgruppe „Die Saligen" nach Telfs in Tirol geladen hat.

Es war mir ein großes Vergnügen, ihre sehr ansprechende musikalische Gestaltung mit Räucherungen und mit Geschichten rund ums Brauchtum der Raunächte zu ergänzen. Frajo und Christine Köhle haben eigens für diesen Abend ein Raunachtlied komponiert, das sie dankenswerterweise für dieses Buch zur Verfügung stellen.

In diesem Lied kommt der Sinn der Raunächte in unserer Zeit auf sehr einfühlsame und einladende Weise zum Ausdruck. Eine Stimme schildert den Trubel der Zeit: „Was wollte ich nicht noch alles tun und schaffen. Und jetzt hab ich das Gefühl, ich bin im Kreis herumgelaufen." Die Einladung der Raunächte: „Setz dich nieder, komm zur Ruhe, horch dir selber einmal zu …"

Rauhnacht

Text und Musik: Christine und Frajo Köhle

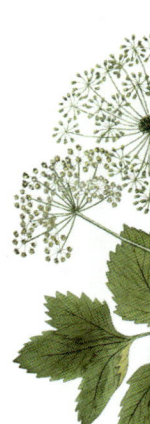

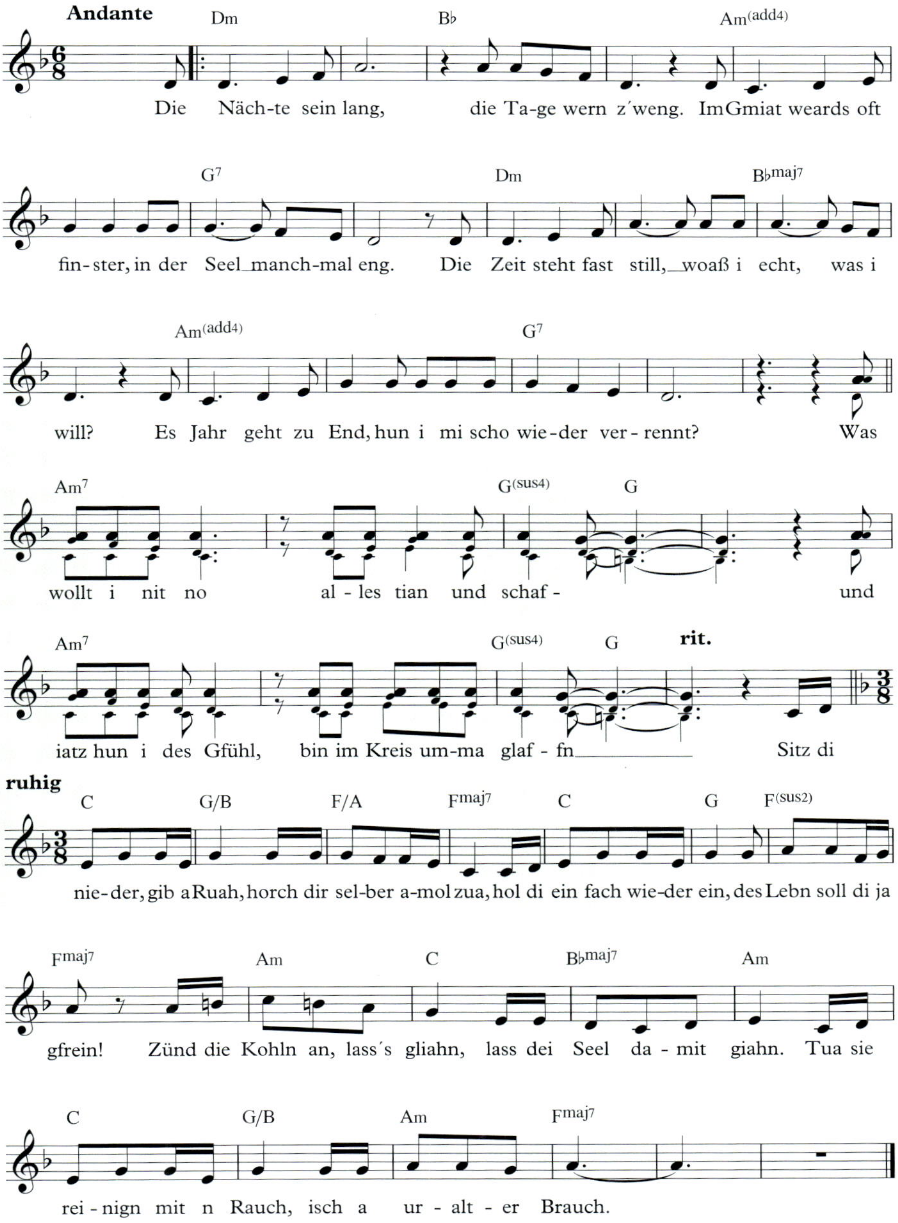
Andante
Dm Bb Am(add4)
Die Näch-te sein lang, die Ta-ge wern z´weng. Im Gmiat weards oft
G7 Dm Bbmaj7
fin-ster, in der Seel manch-mal eng. Die Zeit steht fast still, woaß i echt, was i
Am(add4) G7
will? Es Jahr geht zu End, hun i mi scho wie-der ver-rennt? Was
Am7 G(sus4) G
wollt i nit no al-les tian und schaf- und
Am7 G(sus4) G rit.
iatz hun i des Gfühl, bin im Kreis um-ma glaf-fn Sitz di
ruhig
C G/B F/A Fmaj7 C G F(sus2)
nie-der, gib a Ruah, horch dir sel-ber a-mol zua, hol di ein fach wie-der ein, des Lebn soll di ja
Fmaj7 Am C Bbmaj7 Am
gfrein! Zünd die Kohln an, lass´s gliahn, lass dei Seel da-mit giahn. Tua sie
C G/B Am Fmaj7
rei-nign mit n Rauch, isch a ur-alt-er Brauch.

2. Strophe: *Friaga ham se sich gfircht´ vor die Perchten und die G´stalten. Heut belächelt ma oft den Glauben von die Alten. Die Ängste und Sorgen ham heut a anderes G´sicht. Aber mir ham verloren, dass ma darüber spricht.*

Wintersonnenwende – Weihnachten

Es ist Winter und in der Natur scheint alles stillzustehen. Die Luft ist klar. Oft ist es klirrend kalt und frostig. Alles erstarrt in dieser Kälte. Den Boden macht dieses Durchfrieren lockerer und fruchtbarer. Der Schnee kann in dicken, weichen Flocken fallen, genauso wie in kleinen harten Kügelchen, die sich vom Wind getrieben wie kleine Nadelstiche anfühlen. Wenn die Landschaft verschneit ist, wirkt sie stiller und friedlicher als das übrige Jahr.

Die Wintersonnenwende am 21. Dezember bezeichnet die längste Nacht des Jahres, auch Mutternacht genannt. Ab nun werden die Tage wieder länger. Ein neuer Zyklus im Kreislauf des Lebens fängt an. So wie auf jedem Höhepunkt oder Tiefpunkt ein Umschwung in die andere Richtung stattfindet, ändert sich hier die Richtung, obwohl der astronomische Winter jetzt erst beginnt. Zur Wintersonnenwende wird die Geburt des Sonnenkinds, des neuen Lichts gefeiert. Die Erfahrung, dass neues Leben möglich ist, bestimmt diese weihnachtlichen Feiertage. In der Natur ist das Neue noch nicht sichtbar, aber unter der Erde sammeln sich bereits die Kräfte zu neuem Leben.

Im Jahreskreis liegt dieses Fest der Sommersonnenwende genau gegenüber. Indem wir mit Harzen und Kräutern räuchern, die zur Sommersonnenwende in ihrer größten Kraft gesammelt wurden, können wir uns mitten im Winter die heilsame Energie der Sonne herbeiholen. So werden die tiefsten Nächte des Jahres zu geweihten Nächten, zu heilsamen und heiligen Nächten und die Zeit zur Weih-Nachts-Zeit.

Die frühe Kirche hat die Sonnensymbolik aufgegriffen und das Fest der Geburt Jesu zeitlich mit dem römischen Fest des sol invictus, des unbesiegbaren Sonnengottes verbunden. Jesus ist der Lichtbringer. Das neue Leben in seiner ganz unschuldigen Form, als neugeborenes Sonnenkind oder Gotteskind, wird gefeiert. Die Vorstellung, dass die Sonne und das Göttliche in uns geboren werden, bringt uns in Verbindung mit unserem wahren Selbst. Weihnachten will uns innerlich berühren, damit wir es wagen, uns von allem Festgelegten zu befreien und uns auf Neues vertrauensvoll einzulassen.

DIE EINLADUNG DIESER ZEIT

Trotz künstlichem Licht und beheizten Räumen wächst im Winter das Bedürfnis nach Wärme und Geborgenheit. Die Zeit lädt ein, das Tempo zu verlangsamen, zur Ruhe zu kommen und still zu werden. Diese Einladung kommt alle Jahre wieder, auch wenn wir überzeugt sind, dass wir nicht ruhen können, bevor wir nicht noch dies oder jenes erledigt haben. Im Winter passiert die Entwicklung im Verborgenen, Ungreifbaren und Stillen. Ja, ohne diese Stille und diesen Rückzug wäre eine Weiterentwicklung nicht möglich. Wenn wir die Natur beobachten, können wir auch in tiefster Dunkelheit und in angstvollen Zeiten Vertrauen und Hoffnung entwickeln. Sie ermutigt uns, dieser anderen Wirklichkeit jenseits unserer sinnlichen Wahrnehmung zu trauen und Neues kommen zu lassen, ganz ohne eigene Aktivität und Leistung.

Im Bild des Kindes können wir mit unserer Sehnsucht in Kontakt kommen. Einem neugeborenen Kind steht die Zukunft noch offen. Es kann all das entfalten, was in ihm angelegt ist.

Weihnachten lädt uns ein, mit unserem inneren Kind in Berührung zu kommen, mit all dem, was in unserem Wesen angelegt ist und was entfaltet und gelebt werden will.

FRAGEN DIESER ZEIT
* Was habe ich in diesem Jahr vollendet?
* Kann ich mich vertrauensvoll auf die Nacht einlassen?
* Was tröstet mich?
* Wie kann ich das Licht/das Göttliche in mir wahrnehmen?
* Was in mir will ans Licht, was will geboren werden? Welche Talente wollen ausgelebt werden?
* Was erhoffe ich mir, was soll neu werden?
* Gönne ich mir die Zeit, bei mir einzukehren und bei mir zu sein?
* Nehme ich das Licht in anderen Menschen wahr?

LEBENSZEIT UND MENSCHLICHE ENTWICKLUNG

Diese Zeit steht für das Greisenalter, für die Phase von Anfang 80 bis zum Tod. Es geht ums Altwerden und Sterben. Viele Menschen benötigen Anteilnahme, Hilfe und Begleitung. Wenn es geistig noch möglich ist, steht in dieser Phase ein Rückblick auf das eigene Leben und vielleicht auch eine Neubewertung an. Das Bedürfnis ist, Frieden mit sich, mit anderen und mit der Welt zu schließen. Fragen nach dem Sinn des Lebens und nach dem Tod und dem, was danach kommt, stellen sich. Es ist eine bedeutende Schwellenzeit, die Wirklichkeit jenseits der Schwelle liegt im Verborgenen. An dieser Stelle geht das Leben zu Ende und beginnt zugleich neu.

Diese Zeit symbolisiert auch die Geburt, das neugeborene Kind und die Kindheit. Mitten in der Nacht wird ein Kind geboren und wächst von Tag zu Tag.

Es ist vollkommen angewiesen auf die Liebe und die Fürsorge von Mutter und Vater. Die ersten Lebensjahre sind die prägendsten für den weiteren Lebenslauf.

ALLTAGSRITUALE

Die Vorbereitung auf die Weihnachtszeit beginnt mit dem Weihnachtsputz und dem Ordnungmachen. Dann schmücken wir unsere Räume weihnachtlich. Der Brauch, Äste von Tannen oder anderen immergrünen Bäumen ins Haus zu holen, ist älter als das Christentum. Diese Pflanzen, die das ganze Jahr über ihre Blätter oder Nadeln behalten, sind seit Urzeiten Symbole der Kraft, der Gesundheit und des ewigen Lebens. Mit dem Christbaum und dem Tannenreisig holen wir uns die Hoffnung ins Haus.

Der Adventkranz und der Christbaum mit den Kerzen laden uns ein, diese Zeit bewusst zu gestalten und uns mit unserem inneren Licht zu verbinden.

Advent im ursprünglichen Sinn heißt „Ankunft". Anzukommen fällt nicht immer leicht, denn der Dezember ist oft eine dichte Zeit. In den Haushalten wird gebacken und geputzt. In den Firmen sind viele Dinge abzuschließen. Weihnachtsfeiern häufen sich und viele hetzen durch den Advent auf der Suche nach passenden Weihnachtsgeschenken.

Wir werden mit Werbung überschüttet, die verspricht, alle unsere Wünsche zu erfüllen. Die Advent- und Weihnachtszeit lädt uns ein, still zu stehen und nachzuspüren, ob das so stimmt für uns. Wir müssen nicht alles mitmachen, was andere von uns erwarten. Und wie Viktor Frankl sagte: „Man muss sich von sich selbst nicht alles gefallen lassen."

Ein schönes Weihnachtsritual ist die Feier einer Waldweihnacht. Dazu überlegen Sie gemeinsam, womit Sie den Tieren im Wald eine Freude machen könnten.

Binden Sie Äpfel, Karotten oder auch trockenes Brot auf Schnüre auf. Spazieren Sie mit Fackeln oder Laternen zu einem schönen Platz im Wald. Lassen Sie sich Zeit, dabei Spuren, Geräusche, Gerüche und Stimmungen der Landschaft wahrzunehmen. Suchen Sie gemeinsam einen passenden „Weihnachtsbaum" aus und schmücken Sie diesen Baum mit den mitgebrachten Gaben.

Sie können auch einen Text lesen, Wünsche für die Lebewesen des Waldes aussprechen oder ein Lied gemeinsam singen und einfach eine Zeitlang in Stille mit dem spärlichen Licht im Wald sein. Wenn Sie vorhaben, länger unterwegs zu sein, können Sie auch Punsch und Lebkuchen als Wegzehrung einpacken. Im Freien schmeckt es meist noch besser als zu Hause.

Ein schönes Weihnachtsritual ist die Feier einer Waldweihnacht.

Die Natur ist im Winterschlaf und wir können dem Bedürfnis nachgeben, uns richtig auszuschlafen. Wir können uns zurückziehen und die Ruhe genießen. Wir können den Advent nutzen, um nahestehende Menschen zu treffen und gemeinsam Zeit zu verbringen. Beziehungen zu Menschen, die uns wichtig sind, bekommen so Zeit und Raum.

Der Jahreswechsel ist jedes Mal mit der Sehnsucht verknüpft, dass auch in uns etwas neu wird und dass dieses Neue besser ist als das Alte.

Wir fassen gute Vorsätze, um etwas Neues in unser Leben zu bringen. Diese Zeit ist aber auch verknüpft mit Ängsten. Wir wissen zu Beginn des neuen Jahres nicht, was es uns bringen wird.

Wenn wir zur Weihnachtszeit räuchern, können wir unsere Ängste oder veralteten Ansichten mit dem Rauch ziehen lassen und zugleich unsere Wünsche für das neue Jahr in den Himmel schicken. Mit dem Räuchern ist die Hoffnung verbunden, dass alles, was geschieht, letztlich gut wird.

PFLANZEN DIESER ZEIT
Fichte, Tanne, Mistel

Fichte
(Picea abies)
Volksname: Rottanne

Die Fichte ist wie eine Lichtsäule, die zum Himmel reicht. Sie wurde früher vor allem wegen ihrer mütterlich-schützenden und lebenserhaltenden Kraft geschätzt. Die Fichte wird aufgrund ihrer rötlichen Rinde auch als Rottanne bezeichnet. Wie die Tanne galt auch die Fichte bereits den vorchristlichen Völkern als Schutzbaum. Frisches, noch weiches Harz wurde gekaut oder in Erbsengröße zur Kräftigung aller Körperfunktionen und Organe verschluckt. Früher wurde der Rauch von Holz, Nadeln und Harz zur Reinigung und Desinfektion eingesetzt, besonders zu Zeiten der großen Pestepidemien. Pulverisierte Rinde oder Holz eignen sich hervorragend für milde Räuchermischungen. In der orthodoxen Kirche ist das Fichtenharz nach wie vor ein Bestandteil der Räuchermischung.

Die Fichte
* wärmt, befreit und inspiriert,
* macht das Herz weit und weich und vermittelt Geborgenheit,
* lässt frei atmen,
* richtet auf und hilft, den eigenen Platz zu finden,
* bringt alte Wunden zum Heilen ans Licht,
* klärt den Geist, fördert die Konzentration und stärkt die Nerven,
* schützt vor negativen Kräften.

Fichte,
du mütterlich-schützender Baum,
du reinigst, befreist und bringst Licht.

Tanne
(Abies alba)
Volksnamen: Weißtanne, Edeltanne

Die Tanne ist Balsam für die Seele. Das Wort *Balsam* bedeutet allgemein auch „Wohlgeruch". Tannen sind in vielen Kulturen Symbol für den Kreislauf von Werden und Vergehen. Als immergrüne Bäume verkörpern sie den Glauben an das ewige Leben. Sie sind daher häufig Bestandteil von Grabschmuck. Als Weihnachtsbaum ist die Tanne eine Lichtbringerin und Abbild des Weltenbaumes. Wir schmücken den Baum mit den Symbolen des Kosmos: mit goldenen Äpfeln (Kugeln), Sternen und Nüssen.

Für die Kelten und Germanen war die Tanne der Schutzbaum, der sie vor dem krankmachenden Einfluss dämonischer Kräfte bewahrte. Wie bei der Fichte können auch bei der Tanne die Nadeln, das Harz und das Holz zum Räuchern verwendet werden. Die pulverisierte Rinde eignet sich hervorragend für milde Räuchermischungen. Beim Verräuchern der Nadeln steigt weißer Rauch auf.

Die Tanne
* segnet, schützt, schenkt Geborgenheit,
* vertreibt schlechte Energien und bedrückende Gedanken,
* vermittelt das innige Gefühl „Alles ist gut, wie es ist",
* belebt, stärkt und ermutigt,
* macht psychisch und physisch widerstandsfähig,
* ist Heilmittel bei Arthritis und Rheuma,
* erleichtert die Meditation.

Du, Tanne,
segnest innig und bist
Balsam für die Seele.

Mistel

(Viscum album)
Volksnamen: Donnerbesen, Hexenbesen, Drudenfuß

Die Mistel ist ein Teil des Baumes und als eine der wenigen Pflanzen, die nicht in der Erde wurzeln, zugleich ein „Kind des Himmels". So wächst sie wie eine Brücke zwischen den Welten. Bei den keltischen Druiden war die Mistel der Sonne und dem Mond geweiht und galt als ihre heiligste und geheimnisvollste Pflanze. Aus der Mistel wurden Zaubertränke bereitet, die Kraft, Mut und Unbesiegbarkeit verleihen und darüber hinaus alle Krankheiten heilen konnten. Als Pflanze, die im Winter Früchte trägt, ist die Mistel der Inbegriff für die Hoffnung auf ein Leben nach dem Tod. Sowohl die Germanen als auch die Kelten betrachteten die immergrüne Pflanze als Symbol der Wintersonnenwende.

Sie gilt als „goldener Schlüssel zur Anderswelt" und hilft uns, uns an Träume zu erinnern und diese besser zu verstehen. Es heißt, dass die Mistel an von Erdstrahlen betroffenen Stellen wächst, um Bäume vor deren schädlichen Auswirkungen zu schützen.

Zum Räuchern verwendet man das ganze Kraut.

Die Mistel
* mehrt das Licht und segnet,
* macht innere Schätze sichtbar,
* beruhigt das Nervensystem,
* schützt, wenn wir zu vielen Einflüssen ausgesetzt sind,
* schützt vor Blitzschlag, Krankheit, Unglück, Feuer und Missgeschicken,
* bringt Licht ins Unbewusste,
* hilft Träume zu verstehen und fördert Visionen.

Du, Mistel, machst innere Schätze sichtbar und segnest.

Zunehmende Mondsichel – Lichtmess

Februar kommt vom lateinischen *februare* und bedeutet „reinigen". Im Februar ist es draußen meist kalt, manchmal ist die Landschaft auch noch weiß verschneit. Die Bäume sind kahl und leer. Es ist mitten im Winter. Die Tage werden bereits merklich länger. Mit dem zunehmenden Tageslicht ahnen wir, dass der Frühling nicht mehr fern ist. An manchen Stellen sprießen bereits die Blüten der Schneeglöckchen aus der Erde. Die ersten Singvögel beginnen mit ihrem Gesang. Unter der Erdoberfläche bereiten sich die Samen auf das Keimen vor. Die reinigende, erfrischende und erneuernde Energie dieser Zeit wird spürbar.

In der Nacht vom 1. auf den 2. Februar wird Lichtmess gefeiert, Imbolc oder auch das Fest der Brigit. Imbolc ist ein altes irisch-keltisches Frühlingsfest, ein Mondfest (Schmelzmond) zur Zeit der zunehmenden Mondsichel. Brigit ist die weiße, jungfräuliche Göttin der keltischen Mythologie. Sie weckt die schlafenden Samen in den Pflanzen und rüttelt an den Bäumen, um den Saft zum Fließen zu bringen. Die weiße Göttin wischt alles Dunkle ab und wäscht es rein. Die Christen haben dieses Bild der jungfräulichen Göttin auf Maria übertragen. „Auch die Tage ihrer Reinigung vollendeten sich" (*Lk 2,22*), als die junge Maria ihr göttliches Kind 40 Tage nach der Geburt in den Tempel brachte.

Die weiße Göttin gilt als die Hüterin des Feuers. Sie inspiriert und bringt den zündenden Funken. Die Wiederkehr der Sonne wird mit dem Entfachen des Feuers an den Kerzen begrüßt. In der christlichen Tradition wird Lichtmess als Tag gefeiert, an dem bei der Messfeier Kerzen geweiht werden. Viele Pfarren laden zu Lichtmess zum Ritual der Kindersegnung ein. Eltern wünschen sich, dass ihr Kind beschützt und gesegnet sein möge. Dieser Sehnsucht gibt die Kirche Raum.

Zu Lichtmess wurde bei den Germanen der Zeitpfahl, der Lichtmess-Pfahl, gesetzt. Dieser Pfahl war vor allem dann notwendig, wenn es keine besonderen Bergspitzen gab, die als Kalender oder Zeitmesser genutzt werden konnten. Die Kelten nannten ihn Colman.

Die Coloman-Kirchen stehen an solchen Lichtmess-Stellen. In dieser Zeit werden die Tage sichtbar länger. „Zu Stephanie gspiat ma den Tog a Muckngahn, zu Neujahr an Hahnentritt, zu Heilig Drei König an Hirschensprung und zu Maria Lichtmess a ganze Stund." Das Tageslicht wächst wahrnehmbar und ist zu Stephanie (am 26. Dezember) nur um ein Winziges länger als das Gähnen einer Mücke, zu Neujahr einen Hahnentritt lang; am Tag der Heiligen Drei Könige (am 6. Januar) einen Hirschsprung weit (ein beachtliches Stück); zu Maria Lichtmess (am 2. Februar) eine ganze Stunde länger.

Der Lichtmess-Pfahl markierte auch den Beginn des Bauernjahres. In der bäuerlichen Kultur endete zu Lichtmess das Arbeitsjahr der Dienstboten. Mündlich wurde ein neuer Arbeitsvertrag ausgehandelt und mit Handschlag besiegelt. Zugleich wurde den Knechten und Mägden auch der gesamte, sehr geringe Lohn für das vergangene Jahr ausbezahlt. Nach altem Brauch konnten sich die Knechte und Mägde zu Lichtmess eine neue Stelle suchen.

Im Februar findet in manchen Gegenden nach einer alten Tradition das „Aperschnalzen" statt. Dabei versammeln sich die ledigen Burschen, um den Winter mit langen „Goaßln" (Peitschen) zu vertreiben und die Wachstumsgeister zu wecken. Mit ähnlicher Absicht wurden Mensch und Vieh früher mit Reisigbündeln aus Haselnuss-, Weiden- und Birkenzweigen abgestreift und abgestrichen.

Es ist die Zeit der Maskenbälle und Faschingsumzüge. „Kathrein stellt das Tanzen ein", heißt es. Das war am 25. November. Auch dieser Brauch war ein Symbol des stillstehenden Jahresrads. Ab Lichtmess aber wurde umso lebhafter getanzt und gefeiert.

In den Februar fällt mit dem Aschermittwoch auch der Beginn der Fastenzeit. Fasten hat in allen Religionen eine reinigende und spirituelle Bedeutung. Es will uns durch den äußeren Verzicht in eine innere Freiheit führen. In der Verbindung so gegensätzlicher Zeiten wie der Faschingszeit und der Fastenzeit können wir die Vielfalt unseres Seins erleben. Der Alltag und die Feste, der Verzicht und das Feiern, sie gehören zusammen.

DIE EINLADUNG DIESER ZEIT
Wenn draußen noch alles frostig und vereist ist, gelangen wir dorthin, wo wir innerlich zu vereisen drohen oder wo unser Herz kalt wird, unsere Sprache oder unser Umgang miteinander. Dann brauchen wir die Verbindung mit dem guten

Kern in uns, um aussprechen zu können, was von Herzen kommt. Diese Zeit fordert uns auf, Beziehungen zu pflegen und nicht einfrieren zu lassen.

Die Zeit des Ruhens und der Starre geht langsam dem Ende zu. Nun kommt die Zeit für Aufbruch und Neubeginn. Die ersten warmen Sonnenstrahlen und die Tage mit blauem Himmel locken uns hinaus ins Freie an die frische Luft. Frischer Wind umweht uns auch im übertragenen Sinn. Es ist eine Zeit der Inspiration und der Klarheit. Die ersten Frühlingspflanzen befreien sich aus der Enge und kommen ans Licht. Stellen Sie sich vor, wie viel Mut und Energie es braucht, dass Blumen die Schneedecke durchbrechen und Bäume wieder zu sprießen beginnen. Mit dieser Energie ist die Einladung verbunden, uns selbst mutig von Altem zu befreien, Verkrustetes zu durchbrechen und einen Neubeginn zu wagen. Es ist eine befreiende Zeit, in der auch verrückte Ideen Platz haben.

FRAGEN DIESER ZEIT
* Was kann ich jetzt bereinigen, wovon will ich mich befreien?
* Was in mir drängt ins Leben und möchte aufbrechen?
* Wer oder was inspiriert mich?
* Mit wem oder was möchte ich mich dieses Jahr verbinden?
* Wie kann ich das neue Leben in mir erwecken und begrüßen?
* Wo war ich als Kind mit Begeisterung, Leidenschaft und Hingabe dabei?
* Was in mir möchte jung sein, welcher Traum möchte sich erfüllen?
* Was gibt mir frischen Wind, Kraft und Energie fürs kommende Jahr?

LEBENSZEIT UND MENSCHLICHE ENTWICKLUNG

Diese Zeit steht für den Übergang von der Kindheit zur Pubertät und zum jungen Erwachsenenalter, also in etwa für die Phase zwischen dem 10. und 20. Lebensjahr. Es ist keine einfache Phase. Die Zeit ist geprägt von starkem Wachstum und großen körperlichen Veränderungen. Die Geschlechtsreife tritt ein, Bedürfnisse und Interessen verändern sich. Junge Menschen entwickeln Leidenschaft in der Beziehung zum anderen Geschlecht und zu Themen, die sie interessieren. Genauso können sie etwas leidenschaftlich ablehnen. Sie testen Grenzen aus und sind auf der Suche nach ihrer Identität, ihrer Rolle und ihrem Platz. Rituale wie die Firmung/Konfirmation oder der Debütantenball fallen in diese Zeit, ebenso Prüfungen zum Lehrabschluss, zur Matura oder zum Führerschein. In vielen Kulturen wird in dieser Übergangszeit ein Initiationsritual durchgeführt.

Häufig ist damit auch eine Visionssuche verbunden, die dem Jugendlichen helfen soll, seinen eigenen Weg zu finden und zu beschreiten.

ALLTAGSRITUALE

Wenn wir Fotos aus unserer Kindheit anschauen, kann uns das in Berührung bringen mit dem Kind in uns. So können wir etwas Lebendiges, Ungezwungenes und Fröhliches wachküssen. Wenn wir mit dem inneren Kind verbunden sind, spüren wir den Drang, die Welt zu erkunden, der inneren Kraft zu trauen und fröhlich in den Tag zu gehen. Wenn wir uns ein kindliches Gemüt bewahren, bleiben wir offen für das Geheimnis des Lebens, unabhängig von unserem Alter.

Der Fasching lädt uns ein, spielerisch mit dem Leben umzugehen. Diese Zeit, in der Regellosigkeit die Regel ist, bietet eine gute Gelegenheit, aus dem Alltagstrott auszusteigen und in eine neue Rolle, ein Kostüm, eine Maske zu schlüpfen. Jetzt ist Platz für Ausgelassenheit, Kreativität und Spaß. In verrückten Kostümen können wir die Müdigkeit und Trägheit des Winters tanzend und lachend vertreiben. Die eigenen Lebensgeister werden aktiviert.

Die Fastenzeit lädt ein, uns innerlich zu reinigen und von unnötigem Ballast oder von Abhängigkeiten zu befreien. Wenn wir uns von den alten Lasten befreit haben, dann kann das Neue in uns wachsen. Nehmen Sie sich Zeit, eine Antwort auf folgende Frage zu finden: Wovon will ich mich befreien? Und fassen Sie sich ein Herz, um auf etwas Beengendes oder Belastendes zu verzichten. Einer meiner schwierigsten Fastenvorsätze war der, auf den Druck zu verzichten, den ich mir selber mache. Mein Vorsatz lautete: „Ich verzichte auf das Wort müssen in meinem Sprachschatz." Unzählige Male habe ich mich dabei ertappt, etwas „noch schnell machen zu müssen". Dieses „Müssen-Fasten" hat mein Leben nachhaltig verändert und wirkt bis heute befreiend. Angeregt wurde ich dazu durch das Buch „In der Sprache liegt die Kraft!" von Mechthild von Scheurl-Defersdorf.

PFLANZEN DIESER ZEIT
Birke, Quendel, Bartflechte

Birke
(Betula pendula)
Volksnamen: Besenbaum, Weißbirke

Die Birke ist der Baum der Geburt, des Frühlings und des Neubeginns. Bei den Germanen war sie der Göttin Freya gewidmet und galt als heiliger Baum. Der Name kommt von der indogermanischen Wortwurzel *bhereg* „glänzen", die Birke ist also der „Hellschimmerer". Sie ist vergleichbar mit einer Quelle, die munter vor sich hin sprudelt. So bringt sie das Energiefeld des Menschen wieder ins Fließen, wirkt erfrischend, vertreibt Unlust und hilft begeisternd, den Neuanfang zu schaffen. Ihre biegsame und geschmeidige Gestalt weist auch schon auf ihre Wirkung hin: Die Birke macht uns flexibel und nachgiebig, sie fördert unser Verständnis für das Leben und das Schicksal. Sie hob die Menschen, dem Volksglauben nach, hinauf in ihr helles Licht und wiegte die Seele sacht wie eine Mutter. Mit ihrer Leichtigkeit und Fröhlichkeit ist sie Balsam für die Seele.

Zum Räuchern verwendet man Rinde, geraspeltes Holz und Laub.

Die Birke
* macht das Herz froh,
* beruhigt,
* bringt Leichtigkeit und Beweglichkeit,
* erfrischt, befreit und entspannt,
* macht beweglich und löst Verhärtungen der Seele,
* öffnet den Geist für Inspiration,
* macht flexibel und nachgiebig.

*Du, Birke,
du anmutige Lichtbringerin.*

Quendel

(Thymus pulegioides)
Volksnamen: Karwendel, Kranzelkraut, Wilder Thymian, Feldthymian

Der Quendel ist ein „wilder Geist", zäh, fein, sonnig und feurig. Bei den Germanen gehörte er zu den heiligsten Kräutern und wurde als starke Schutzpflanze eingesetzt. Zum Schutz vor Krankheit und dem „bösen Blick" wurden Kinder und Haustiere mit Quendel abgeräuchert und Säuglinge in seinem Absud gebadet. Gebärenden wurde Quendel ins Bett gelegt, um sie zu stärken. Er gehörte somit zu den „Bettstrohkräutern". Quendel stärkt die Abwehrkräfte und verhilft zu angenehmen Träumen. Obstbäume wurden im Winter mit Quendel beräuchert, um sie zu stärken und zu schützen. Verwendet wird das ganze Kraut.

„Quendel schafft Händel", so heißt ein alter Ausspruch. Das Wort Händel leitet sich ab von handeln und war verbunden mit Handgemenge, Streit, Auseinandersetzung und Kampfgeist. Quendel bringt uns ins Handeln und gibt die Kraft, für eigene Positionen einzustehen. Quendel wirkt lebensbejahend, gibt Mut und entfacht das eigene Lebensfeuer. Er wurde daher auch in Brautsträuße eingebunden.

Quendel
* lässt durchatmen,
* schützt und hilft, mutig und zielgerichtet ins Leben zu treten,
* gibt Kraft und fördert das Durchhaltevermögen,
* hilft, sich abzugrenzen und nein zu sagen,
* stärkt das Urvertrauen und den Willen,
* erwärmt innerlich und „erweckt zum Leben",
* richtet auf bei Angst, Depression und Burn-out.

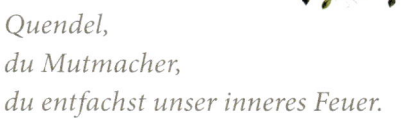

*Quendel,
du Mutmacher,
du entfachst unser inneres Feuer.*

Bartflechte
(Usnea)
Volksnamen: Baumbart, Kleid des Grünen Mannes

Die Bartflechte wird auch Baumbart oder Kleid des Grünen Mannes, des ewig befruchtenden Vegetationsgeistes, genannt. Sie ist gleichsam ein Symbol der unerschöpflichen Kraft der Natur. Sie erinnert uns an unsere eigene Kraft und lässt uns vertrauen, dass es auch in schweren Zeiten immer wieder weiter geht. Die Bartflechte, die auf Bäumen und Sträuchern in Regionen mit hoher Luftfeuchtigkeit lebt, ist ein magisches, alpenländisches Räucherwerk. Es heißt, wo die Bartflechte hängt, wird der Kopf frei. Flechten sind auf eine hohe Luftqualität angewiesen und reagieren sehr sensibel auf Schadstoffe, denn sie nehmen Nährstoffe und Schadstoffe ungefiltert aus der Luft auf. Moose und Flechten gehören zu den ältesten Pflanzen, sie sind „Urpflanzen". Sie sind allgegenwärtig. Wir finden sie auf der Erde, auf Steinen und auf Bäumen. Es sind starke schutzmagische Pflanzen. Früher wurden sie häufig als Amulette getragen und verräuchert.

Bartflechte
* befreit,
* beruhigt und klärt den Geist,
* lässt zur Stille kommen,
* fördert das Erinnerungsvermögen,
* reinigt die Lungen,
* schenkt Kraft und Vertrauen,
* hilft bei Erschöpfung.

Du, Baumbart,
entflechtest und führst uns
zu unserer ureigenen Kraft.

Frühlings-Tagundnachtgleiche – Ostern

Die Sonne hat die Dunkelheit des Winters endgültig besiegt. Sie geht jetzt genau im Osten auf. Es ist schon spürbar wärmer und alles fängt an zu grünen, wachsen und blühen. Der Frühling beginnt. Seit jeher wurde diese Zeit mit großer Sehnsucht erwartet. Je länger und kälter der Winter war, umso festlicher und ausgelassener wurde der Frühling begrüßt.

Zur Frühlings-Tagundnachtgleiche wurde das Fest der germanischen Frühlingsgöttin Ostara gefeiert, die das Leben erneuert. Sie verleiht der Osterzeit bis heute ihren Namen. Es ist ein Sonnenfest, ein Fest der Auferstehung der Natur, das den Übergang des dunklen Halbjahres ins helle Halbjahr markiert. In der Natur begegnen sich um diese Zeit weitere Gegensätze: Der Winter bäumt sich noch ein letztes Mal auf mit seiner Kälte, der Frühling ist aber nicht mehr aufzuhalten. Mit Frühlingsfeuern wurden die Winterdämonen vertrieben und der Frühling begrüßt. Diese Feuer wurden auch Hagelfeuer genannt, sie sollten die Frühjahrshagel vertreiben und die Fruchtbarkeit der Felder anregen. Die Osterfeuer erinnern an diese Frühlingsfeuer.

PALMBUSCHEN

Das Palmbuschenbinden und die Palmweihe am Palmsonntag zählen in den ländlichen Regionen zu den wichtigsten Bräuchen in der Zeit vor Ostern. Früher dienten die Palmbuschen auch als Räucherwerk. Sie wurden in den Raunächten verräuchert, aber auch im Sommer, um drohende Unwetter abzuwenden. Darum wollen wir dieses Brauchtum genauer betrachten.

Der Palmbuschen besteht aus Pflanzen, denen in der Volksmedizin große Bedeutung beigemessen wird. Welche und wie viele Pflanzen im Palmbuschen zu finden sind und wie lang dieser ist, variiert von Region zu Region stark. Im Mühlviertel z. B. werden die Palmbuschen aus sieben Pflanzen gebunden:

* Der Buchsbaum ist Symbol des Lebens.
* Der Efeu ist Zeichen für Ewigkeit und Treue.
* Die Hasel ist Symbol für Fruchtbarkeit und Weisheit.
* Die Lärche ist ein heiliger Schutzbaum.
* Die Salweide (Palmkatzerl) ist Zeichen von Auferstehung und Neubeginn.
* Der Wacholder weckt die Lebensgeister und ist ein Baum des Lebens.

* Das dürre Eichenlaub steht für das Vergängliche.

Mit Weidenrute, die ein Symbol für unbändige Lebenskraft ist, wird der Palmbuschen zusammengebunden.

Am Palmsonntag werden die Palmbuschen in der Kirche geweiht. Zu Hause werden sie dann an verschiedenen Orten mit unterschiedlichen Bitten und Wünschen platziert. Am Feld soll der Palmbuschen die Ernte schützen, unterm Dach vor Unwetter und Feuer bewahren und im Stall Krankheiten abwehren.

Beim Esstisch im „Herrgottswinkel" ist der Buschen ein Zeichen für das Heilsame und Göttliche inmitten der menschlichen Gemeinschaft.

Meine Eltern haben uns Kinder früher direkt nach der Palmweihe dreimal rund um Haus und Hof geschickt. Dabei war es üblich, drei Palmkatzerl zu essen. Dies sollte uns das ganze Jahr über vor Halsweh bewahren. Ich kann mich nicht mehr erinnern, ob das tatsächlich geholfen hat, aber wir haben natürlich daran geglaubt.

Im darauffolgenden Jahr werden die Palmbuschen am Aschermittwoch verbrannt. Mit der verbleibenden Asche wird den Gläubigen in der Kirche das Aschenkreuz als Segenszeichen auf die Stirn gezeichnet.

Asche wurde früher als Reinigungsmittel verwendet. Sie ist ein Symbol für die Reinigung der Seele und unsere Chance für einen Neubeginn. Mit dem Aschermittwoch beginnt die Fastenzeit.

Nach einem anderen Brauch werden die Palmbuschen aus dem Vorjahr im Osterfeuer, das in der Nacht zum Ostersonntag entzündet wird, verbrannt. Das angebrannte Holz des Osterfeuers wiederum wird nach Hause getragen. Im eigenen Herd vollständig niedergebrannt schützt es Haus und Hof das ganze Jahr über vor Blitzschlag und Hagel.

OSTERFEST

Im Frühling feiern wir das christliche Osterfest, das Fest der Auferstehung von Jesus Christus. Der Ostersonntag ist der erste Sonntag nach dem Frühlings-Vollmond. Dieser veränderliche Festtag hat seinen Ursprung im jüdischen Paschafest, das nach dem Mondzyklus gefeiert wurde. Ostern ist das zentrale Fest der Christen mit der befreienden Botschaft: Unser Leben endet nicht mit dem Tod. Wir werden auferstehen zu neuem Leben und in Gott hinein.

Es ist ein altes Ritual, am frühen Ostermorgen Wasser aus einer frischen Quelle zu schöpfen und es zu trinken oder sich damit zu waschen. Dieses Wasser gilt als besonders heilkräftig und schützend. Die Quelle und das frische, lebendige Wasser sind Sinnbilder für Gott. Sie bringen uns in Verbindung mit der Quelle in uns. Das kirchliche Ritual der Tauferneuerung hat einen ähnlichen Hintergrund. Mit Weihwasser erinnern wir uns daran, dass wir unabhängig von unserer Leistung und unseren Erfolgen und mitsamt unseren Schwächen und unserem Versagen geliebte Töchter und Söhne Gottes sind.

Das zentrale Symbol dieses österlichen Festes und des christlichen Glaubens an die Auferstehung Jesu ist das Kreuz. Durch die Auferstehung Jesu ist es zum Hoffnungszeichen geworden, das signalisiert: Was unsere Wege und Pläne durchkreuzt, das zerbricht uns nicht. Es ist ein Bild für die Verbundenheit aller Gegensätze. Im Kreuz verbinden sich Himmel und Erde, Licht und Dunkel, Bewusstes und Unbewusstes, Sichtbares und Unsichtbares, Menschliches und Göttliches, Leben und Tod.

Seit beinahe 20 Jahren verbringe ich die Zeit von Gründonnerstag bis Ostersonntag mit einer Runde von Freundinnen und Freunden in einem einfachen Haus abgeschieden in der Natur. In dieser Osterrunde bereiten wir uns intensiv auf diese Tage vor und verbinden unsere Lebensthemen mit der biblischen Ostergeschichte. Das Geheimnis der Auferstehung bezieht sich ja nicht erst auf unser Leben nach dem Tod. Jedes Osterfest lädt uns dazu ein, aus den Gräbern unserer Ängste, Zweifel, Blockaden und Zwänge aufzustehen, zu uns zu stehen, der eigenen Sehnsucht zu trauen und das Leben freudig zu feiern. In den Kartagen geben wir dem Platz, was gerade schwer zu ertragen ist, oder was, wie wir umgangssprachlich sagen, „ein Kreuz" ist. Wir tragen das Schwere miteinander. Geteiltes Leid ist halbes Leid. Wir ermutigen einander, das, was für uns wesentlich ist, nicht zu verraten. Wir betrauern das, was es zu verabschieden gilt. Wir feiern gemeinsam all das, was für uns befreiend ist und erlösend, erquickend und erbauend, unsere Auferstehungserlebnisse. Geteilte Freude ist doppelte Freude. Diese Feiern zählen für mich zu den wichtigsten und prägendsten in meinem Leben, ich bin unendlich dankbar für sie.

DIE EINLADUNG DIESER ZEIT

Zeitgleich mit der Natur erwacht auch der Mensch zu neuem Leben. Die Frühjahrsmüdigkeit sitzt noch in den Gliedern. Zugleich wollen wir aktiv werden und frische Luft in unsere Wohnräume lassen. Vielleicht verspüren Sie Lust, die Wohnung zu reinigen, die Fenster zu putzen oder auch etwas auszusortieren oder zu renovieren und so das Neue zu begrüßen.

Die Frühlingszeit gibt uns Energie, ungesunde Gewohnheiten zu verändern und auf diese Art frischen Wind in unser Leben zu bringen, auch wenn es schwer fällt und Trägheit oder Müdigkeit zu überwinden ist. Diese Spannung ist Teil des Lebens. Wir können die Fastenzeit bewusst als Übungszeit für die innere Freiheit gestalten.

Die Energie dieser Zeit unterstützt uns dabei, aufzubrechen, hinauszugehen ins Leben, uns zu zeigen, Chancen zu nützen und völlig neue Wege zu beschreiten. Das ist die Energie der Auferstehung, zu der wir jedes Jahr eingeladen sind. Es ist Zeit, uns neuen Aufgaben zu stellen und uns zu engagieren für persönliche, soziale oder politische Ziele.

In der Natur erleben wir die Kreativität der Schöpfung in einer Vielfalt an Formen, Farben und Gerüchen. Diese Kreativität kann auch unsere eigene Schöpfungskraft aktivieren und uns anregen, etwas zu gestalten und unsere innere Melodie zum Klingen zu bringen.

FRAGEN DIESER ZEIT
* Wonach sehne ich mich?
* Was erwacht in mir zu neuem Leben?
* Was lässt mich aufleben und aufblühen?
* Was sind meine Lebensquellen?
* Was stärkt und nährt mich körperlich und geistig?
* Welche Menschen tun mir gut?
* Wie kann ich meine Kreativität entfalten?
* Wen oder was schaue ich mit verliebten Augen an?

LEBENSZEIT UND MENSCHLICHE ENTWICKLUNG
Übertragen auf ein Menschenleben entspricht der Frühling dem jungen Erwachsenenalter von 20 bis 35 Jahren in etwa. Viele Menschen erwerben in dieser Zeit Wissen für ihren Beruf, etablieren sich im Berufsleben und entwickeln sich weiter. Paare finden sich und beschließen, den Weg des Lebens gemeinsam zu gehen. Das erste Kind wird geboren. Die jungen Erwachsenen sind herausgefordert, sich an gesellschaftliche Normen und Regeln anzupassen. Sie sind auch gefordert, ihr Wissen, ihr Können und ihre Ideen in die jeweiligen Lebensbereiche einzubringen.

ALLTAGSRITUALE
Der Fastenzeit folgt eine Zeit des Aufbauens. Unsere Nahrung können wir mit frischem Grün bereichern. Viele Frühlingskräuter wie Bärlauch, Löwenzahn oder Brennnessel können die Nahrung jetzt sinnvoll ergänzen und einen innerlichen Reinigungsprozess begleiten.

Der Frühjahrsputz oder Osterputz ist für viele ein alljährliches Ritual. Damit können wir die Klarheit und Frische des Frühlings in unsere Räume holen. Anschließend können wir die Räume zusätzlich mit reinigenden Pflanzen ausräuchern und so die Atmosphäre klären. Dafür eignen sich z. B. Fichte, Holunder, Johanniskraut, Dost, Beifuß, Wacholder, Engelwurz oder Lärche.

Die Sonne und die warme Luft locken uns hinaus ins Freie. In den Gärten blühen die Forsythien und die Märzenbecher. Die gelben Blüten heitern uns auf, machen wach und aktiv. Gelbe Blüten bringen uns in Resonanz mit unserer inneren Sonne. Wenn wir in guter Verbindung sind mit unserem inneren Licht, dann strahlt es aus in die Welt. Wir können uns die Farbe der Lebensfreude und der Sonne in unsere Wohnräume holen, indem wir einen Osterstrauch gestalten und mit bunt bemalten Eiern schmücken. Wir können einem Kreuz aus kahlen Ästen frische Frühlingsblumen gegenüberstellen.

Wir können es dem Frühling gleich machen und dem, was in uns angelegt ist, eine Gestalt geben. Wir können unsere Lebenskraft und Lebensfreude zum Ausdruck bringen. Vielleicht beim Dekorieren der Wohnung, beim Gestalten des Gartens, beim Handwerken, Kochen, Malen, Musizieren, Tanzen, Schreiben usw.

Wir beschenken uns mit Osternestern, mit Zeichen des aufkeimenden Lebens und der Fruchtbarkeit: mit Frühlingsblumen, bunten Eiern, süßen Broten in Form von Lämmchen, Hasen oder Kränzen. In alten Zeiten waren dies die Gaben der Frühlingsgöttin.

Wir feiern den Frühlingsbeginn, die Auferstehung und Ostern, die Kraft der Jugend und den Zauber des Anfangs.

Steh auf, meine Freundin und geh!
Meine Schöne, geh, geh los!
Der Winter ist gewichen,
der Regen ist vergangen.
Blüten lassen sich sehen auf Erden;
die Zeit des Liedes ist da.
Hld 2,10–12

PFLANZEN DIESER ZEIT
Immergrün, Salweide, Hasel

Immergrün

(Vinca minor)
Volksnamen: Großmütterchen, Waldmütterchen, Moosweibl, Die alte Weise, Sinngrün, Ewiggrün, Totengrünkraut

Die Bezeichnungen Großmütterchen, Waldmütterchen, Die alte Weise oder Moosweibl deuten auf den weiblichen Pflanzengeist hin, der diese Pflanze ausmacht. Früher wurden die Verstorbenen mit einem Kranz der immergrünen Pflanze beerdigt, als Zeichen für das Weiterleben nach dem Tod. Auch heute noch ist Immergrün auf vielen Gräbern zu finden. Wegen seiner gehirnstoffwechselanregenden Eigenschaften trugen „Denkarbeiter" gerne einen Kranz aus Immergrün auf dem Kopf, um ihre Konzentration und Inspiration zu steigern.

Zum Räuchern verwendet man das ganze Kraut.

Immergrün
* hilft bei Gedächtnisschwäche,
* steigert das Erinnerungsvermögen,
* fördert die Konzentrationsfähigkeit,
* hilft Kindern zu lernen und alten Menschen sich zu erinnern,
* lässt Zusammenhänge erkennen,
* erleichtert den Zugang zu uraltem Wissen,
* regt den Geist an und inspiriert.

Du, Immergrün,
Waldmütterchen,
klärst den Geist und
machst weise.

Salweide

(Salix caprea)

Volksnamen: Palmkatzerlstrauch, Weihbuschen, Zauberbaum, Weihebaum, Weihrauchbaum

und stärkt die Hoffnung. Sie wirkt balsamisch und vermittelt ein „Weihegefühl" für den eigenen Weg.

Zum Räuchern verwendet man Kätzchen, Zweige, Blätter und Rinde.

Salweide

* hebt die Stimmung,
* stärkt das Selbstvertrauen und das Vertrauen in den Kreislauf des Lebens,
* nährt die Hoffnung,
* ist Balsam für die Seele,
* vermittelt das Gefühl, gesegnet zu sein,
* hilft bei Nervosität, innerer Unruhe und seelischen Verletzungen.

Die Salweide gilt als Baum der großen Göttin und Wohnsitz weiblicher Kräfte. Sie wurde früher als Baum angesehen, der den Menschen auch Krankheiten abnehmen konnte. Ihre Vorliebe für feuchte Standorte und ihre Verbindung zum Mond stehen für den Kreislauf des Lebens. Die Salweide trägt eine tiefe Urkraft in sich, eine Regenerations- und Lebenskraft. Sie löst Aufgestautes ohne Ruck und bringt es ins Fließen. Die Palmkätzchen tragen ihren Namen, weil sie so weich sind wie Katzenfell. Als Weihebaum, wie sie im Volksmund auch genannt wird, vermittelt sie uns Vertrauen

Du, Salweide,
weihst und sendest aus,
meinen ureigenen Weg zu gehen.

Haselnuss

(Corylus avellana)
Volksnamen: Hexenhasel, Waldhasel, Zeller Nuss

Die Hasel ist seit ältester Zeit Begleiterin der Wandernden und der Hirten und Hirtinnen. Sie ist der Baum der Wärme, Geborgenheit und Fruchtbarkeit. Die Hasel gilt als Holz für Wünschelruten, denn wie kein anderes Holz vermag sie Energien zu leiten. Sie bringt Fruchtbarkeit und bereitet den Weg für Fruchtbarkeit, sowohl auf körperlicher als auch auf seelischer Ebene. Die Hasel wird, ähnlich wie der Holunder, in dessen Nähe sie häufig wächst, eine schützende Kraft gegen Gewitter, Schlangen und krankmachende Strahlungen zugesprochen. Wer unter einer Hasel schläft, kann in die Zukunft schauen, heißt es. Der Ausspruch „In die Haseln gehen" deutete auf die Wirkung der Geborgenheit hin. Kinder, die darunter spielen, vergessen die Welt, die Sorgen, die Zeit.

Zum Räuchern verwendet man das Laub.

Haselnuss
* beruhigt und schafft Vertrauen,
* hilft, sich dem Fluss des Lebens hinzugeben,
* hilft, ganz mit sich zu sein und schenkt Geborgenheit,
* öffnet die Tore in andere Welten und fördert die Hellsichtigkeit,
* führt ins Reich der Träume und fördert die Intuition,
* klärt, reinigt und stärkt die Konzentration,
* hilft, innere und äußere Schätze zu finden.

Du, Hasel,
Wegweiserin,
beschützt mich und
schenkst Geborgenheit.

Vollmond-Fruchtbarkeitsfest – Walpurgis

Im Mai empfängt uns die Schöpfung mit einer fantasievollen Fülle und Pracht. Die Natur entfaltet sich explosionsartig. Es ist schon warm genug, um im Freien zu sitzen und sich in frühlingshafte und luftige Kleidung zu hüllen. Alle Sinne werden in dieser Zeit angesprochen. In den Knospen und Blüten sehen wir bunte Farben und Formen voll Wunder, wir hören Vogelkonzerte und summende Insekten, wir riechen Blütendüfte, wir schmecken die frischen Frühlingskräuter, wir spüren die laue Luft und die wärmende Sonne auf unserer Haut.

Die Walpurgisnacht wird als Mondfest (Wonnemond) in der Nacht des ersten Vollmondes zwischen der Frühlings-Tagundnachtgleiche und der Sommersonnenwende gefeiert. Das Datum wurde auf die Nacht vom 30. April auf den 1. Mai festgelegt. Freudenfeuer wurden entzündet. Mit diesen Feuern wurde die Fruchtbarkeit der Erde aktiviert. Den bereits im Saft stehenden Bäumen dienten sie als Ermutigung, durchzuhalten.

Ein häufig überliefertes Bild ist jenes der Hexen, die auf ihren Besen durch die Lüfte fliegen zum Hexensabbat. Sich in andere Bewusstseinszustände versetzen zu können und so „in andere Welten zu fliegen", war mit Hilfe psychoaktiver Pflanzen sowie mit tranceartigen Tänzen und Gesang keine Hexerei. Sinneslust und Erotik unter freiem Himmel sollen bei diesen Feiern zentral gewesen sein. So galt es beispielsweise als besonders vitalisierend und fruchtbarkeitsfördernd, sich nackt im Maitau zu wälzen. Kein Wunder, dass sich die Kirche mit diesem Fest schwer getan hat. Der Name *Walpurgisnacht* leitet sich von der hl. Walpurga ab, einer Äbtissin aus England, die vor Hexen schützen sollte. Manche der alten Bräuche und Riten leben in bäuerlichen Maibräuchen weiter. Der Maibaum ist ein Symbol für die Fruchtbarkeit und den Weltenbaum und bekommt nach wie vor einen wichtigen Platz. Zu Walpurgis wird er in der Mitte des Ortes aufgestellt. Der Baumstamm symbolisiert den Phallus. Junge Paare tanzen mit bunten Bändern, die sie ineinander verschlingen, um den Baum und versinnbildlichen so die Fruchtbarkeit weiblicher und männlicher Kräfte.

Erfahrene Bauern raten, im Mai „die Eisheiligen vorbeigehen zu lassen". Mit dem Auspflanzen von Sommerblumen und der Aussaat von empfindlichen Sämereien soll noch bis Mitte bzw. Ende Mai gewartet werden, denn es kann in diesen Nächten noch ein letztes Mal empfindlich kalt werden.

Die Kelten haben zu dieser Zeit des Wonnemondes, dem 5. Vollmond nach der Wintersonnenwende, Beltane und damit den Sommerbeginn gefeiert. Es ist die Zeit der Vermählung von Himmel und Erde. Sonnengott und Erdmutter feiern ihre heilige Hochzeit, ein Fruchtbarkeitsfest zur Zeit des Wachsens und Werdens. Bis heute ist der Mai ein beliebter Hochzeitsmonat. Der Brautstrauß ist ein Symbol der Lebensfreude und der Liebe. Früher wurden in den Brautstrauß schützende magische Kräuter (Zauberkräuter) und herzöffnende rosablühende Pflanzen eingebunden wie Heckenrose, Rosmarin, Dost, Quendel und Hauswurz.

Im 8. Jahrhundert hieß der Mai noch Weidemonat (wunnimanoth), denn zu dieser Zeit durfte das Vieh vom Stall wieder zurück auf die Weide. Der Monatsname Mai geht zurück auf die griechische Göttin Maya. Sie wurde als jungfräuliche Frühlingsgöttin und Göttin der Magie verehrt. Maya schenkte den Menschen Wachstum und Wärme, erlöste alle Lebewesen aus ihrer Winterstarre und machte sie empfänglich für die Wonne des Lebens. Weil Maya besonders schön war, wurde sie zur Maikönigin gekrönt. Im Voralpenland werden mancherorts heute noch Narzissenköniginnen gekrönt, was an die Verehrung der Frühlingsgöttin erinnert.

In der christlichen Tradition wird der Mai als Marienmonat gefeiert. Maria als Maienkönigin und Mutter Gottes wurde schon in den frühen Kirchen mit Mutter Erde verglichen. Wie eine Mutter verurteilt sie uns nicht. Sie zeigt uns eine optimistische, mütterliche, zärtliche Spiritualität. Sie wird wie die alten Muttergottheiten verehrt und um Segen und Schutz gebeten.

DIE VERFÜHRUNG DIESER ZEIT

Wenn uns der Frühsommer hinaus lockt in die Natur, werden wir lebendig und wach. Die Zeit lädt ein, tief durchzuatmen und die Fülle an Düften aufzunehmen. Überall grünt und blüht es. Vogelkonzerte sind zu hören. Die Fülle des Lebens um uns will uns in Verbindung bringen mit der Lebendigkeit in uns.

Der Mai ist ein beliebter Hochzeitsmonat. Wer Hoch-Zeit feiert, erlebt ein Hoch und ist sich der Besonderheit dieser Zeit bewusst. Hochzeit feiern bedeutet auch, öffentlich seine Liebe zu bekunden. Wenn sich Menschen lieben, blühen sie auf und strahlen. Die Vergnügtheit und

Sinnlichkeit zu eigenen Hoch-Zeiten sind ansteckend für andere. Die Lebensfreude springt über. Alle freuen sich mit.

Als Wonnemonat lädt der Mai ein, sich dem zuzuwenden und zu widmen, was uns eine Wonne ist, was uns fröhlich macht und Vergnügen bereitet, was uns zum Strahlen bringt und wo wir glücklich sind.

Wenn in der Schöpfung alles aufblüht, dann berührt uns das und lässt uns lachen und ebenfalls aufblühen. Die blühende Schöpfung ist ein Sinnbild für die Liebe, die uns umgibt und berührt. Lassen Sie sich vom Mai umarmen, vergessen Sie sich selbst und kosten Sie das Glück aus.

FRAGEN DIESER ZEIT

* Ist die Lebenskraft in mir blockiert oder kann sie frei fließen?
* Wie kann ich meine Lebenslust fördern? Was ist für mich eine Wonne?
* Wie lebe ich meine Sinnlichkeit und meine Erotik?
* Wie bringe ich meine Lebensfreude zum Ausdruck?
* Wo bin ich schöpferisch tätig?
* Wie kann ich die Liebe zu mir selbst und zu anderen neu beleben?
* Wo gestalte ich Plätze, die eine Augenweide sind?
* Was möchte ich schon lange tun, habe es aber noch nie gewagt?

LEBENSZEIT UND MENSCHLICHE ENTWICKLUNG

Im Lebensalter zwischen etwa 35 und 50 Jahren stehen Frauen und Männer ganz in ihrer Kraft. Sie haben ihren Beruf gefunden, sind eine Partnerschaft eingegangen und haben eine Familie gegründet. Oft bauen sie in dieser Zeit ein Haus und richten sich in ihrem Leben ein.

Diese Lebensphase fordert uns heraus, Verantwortung für uns selbst und unser Leben zu übernehmen, dort wo wir leben. Im Wort *Verantwortung* steckt das *Antworten*. Da, wo wir sind, in unserer Familie, in unserem beruflichen Umfeld, im Freundeskreis und in der Nachbarschaft, konfrontiert uns das Leben mit Fragen und es liegt an uns, zu antworten mit unserer Art, zu leben.

Die Verantwortung von Eltern für ihre Kinder ist archetypisch für jede Verantwortung: Es geht darum, so zu handeln, dass die Menschen nach uns in Frieden und Freiheit leben können und dass die Erde fruchtbar und bewohnbar bleibt.

Mit den Gaben, die wir in unserem Leben mitbekommen haben, ist auch die Aufgabe verbunden, diese zur Wirkung zu bringen. Unsere Begabungen wollen geschult und unsere Talente wollen gelebt werden.

ALLTAGSRITUALE

Unsere Gedanken prägen unsere Sprache, unsere Sprache prägt unser Handeln. Daher ist es hilfreich und wichtig, Gedankenhygiene zu betreiben und auf das zu achten, was wir denken und sagen: Sind es Worte, die ermutigen und aufbauen oder die hinunterziehen und lähmen? Sind wir Menschen, die Hoffnung vermitteln und die Welt mitgestalten oder Menschen, die andere zur Verzweiflung bringen und zum Aufgeben?

Die farbenfrohe Umgebung und die zunehmende Wärme lassen uns mehr Haut zeigen und in bunte Kleidung schlüpfen. Es ist alte Tradition, in den Mai zu tanzen. Der Tanz ist ein wunderbares Bild der Lebensfreude. Im Paartanz kommt zudem das sinnliche und harmonische Zusammenspiel männlicher und weiblicher Kräfte zum Ausdruck. Lassen Sie sich ein auf den Rhythmus der Musik und genießen Sie Ihre Beweglichkeit. Bringen Sie Ihre Lebensfreude tanzend zum Ausdruck, egal ob alleine, zu zweit oder als Gruppe.

Wie dem Tau überhaupt, so wird besonders dem Maitau eine heilsame Wirkung zugeschrieben. Maitau macht schön, erhält gesund und bringt das gesamte Jahr über Glück. Maiwasser (auch Mairegen) wird als heilend, segnend und schützend angesehen. Man sammelt daher den Tau (Tauwischen) vor Sonnenaufgang und reinigt damit Gesicht und Hände oder auch den ganzen Körper. Auch Tautreten, also das barfuß im taunassen Gras Spazieren fördert die Gesundheit.

Gestalten Sie einen sinnlichen Abend mit Freundinnen und Freunden. Laden Sie alle ein, in Kleidung zu schlüpfen, in der sie sich anziehend und schön fühlen. Holen Sie Blüten in Ihre Wohnung und beleuchten Sie die Räume mit sanftem Licht. Sorgen Sie für sinnliche Musik, kochen Sie gemeinsam ein aphrodisierendes Menü mit Spargel und Erdbeeren. Ersuchen Sie Ihre Gäste, etwas mitzubringen, das eine Wonne ist. Mit einer Liebesräucherung z. B. aus Föhre, Holunder und Heckenrose können Sie den Abend sinnlich ausklingen lassen.

kana

von dem
zu lernen
der wasser zu wein machte -
kana ist täglich
und wir die verwandler

zeiten in hoch-zeit
jeder morgen
stellt uns
volle wasserkrüge hin

Rudolf Weiß mit Bezug auf die Hochzeit zu Kana. Die Wundererzählung berichtet, wie Jesus von Nazareth als Gast einer Hochzeitsfeier Wasser in Wein verwandelt. (Joh 2,1–12)

> **PFLANZEN DIESER ZEIT**
> *Holunder, Frauenmantel, Bilsenkraut*

Holunder

(Sambucus nigra)
Volksnamen: Holderbusch, Altholder, Flieder

Der Holunder ist der Baum der Frau Holle, der großen, mütterlichen Erdgöttin. Er wächst häufig direkt an der Hausmauer und schützt Haus und Hof. Der Holunder gilt als Schwellenbaum. Er begleitet und beschützt uns bei Übergängen und Entwicklungsschritten, Geburt und Hochzeit, Leben und Tod. Er hilft, das Gegenwärtige loszulassen, damit Neues geboren werden kann. Holunder wurde früher häufig in Krankenzimmern verräuchert, da er reinigt und die Heilung beschleunigt. Zum Räuchern verwendet man Blüten, Blätter und Beeren. Beide, sowohl Holunder als auch Wacholder (Kranewittn), entfachen das Lebensfeuer und fördern neue Entwicklungsschritte. Die tiefe Achtung, die unsere Vorfahren dem Holunder entgegenbrachten, findet sich im Ausspruch „Vor Hollerstaudn und Kranewittn ruck i mein Huat und noag bis hoibe Mittn" wieder. In beiden Gesten, dem Ziehen des Hutes und der tiefen Verneigung, kommt die große Ehrfurcht der Pflanze gegenüber zum Ausdruck.

Holunder
* reinigt und stärkt die körpereigenen Abwehrkräfte,
* lässt den richtigen Zeitpunkt erkennen,
* hilft den eigenen Lebenssinn zu finden,
* unterstützt das richtige Tun zur richtigen Zeit,
* stärkt die Verbindung zur Erde, zu den Verstorbenen und zu anderen Wesenheiten,
* wirkt segnend, stärkend und schützend.

Du, Holunder,
schützt und leitest
uns bei jedem Übergang.

Frauenmantel

(Alchemilla vulgaris)
Volksnamen: Frauentrost, Weiberkittel, Jungfrauenwurz

Der Frauenmantel war immer einer Göttin der Liebe und der Fruchtbarkeit geweiht – ursprünglich der nordischen Göttin Freya, später der Jungfrau und Maienkönigin Maria.

Im Frauenmantel leben verborgene Kräfte und er gilt daher als Zauberpflanze. Diese Kräfte zeigen sich im sogenannten Himmelswasser, das die Pflanze selber hervorbringt und das vom Rand in die Mitte fließt. Dieses Wasser der Pflanze verbindet sich mit dem Tau des Himmels und entwickelt so heilende und magische Wirkung. Zum Räuchern verwendet man das ganze Kraut. Der Frauenmantel ist sehr ausdauernd.

Er hilft Frauen und Männern in jeder Lebensphase, die eigene Mitte zu finden. Er ist ein Freudenkraut, das die Lebensfreude und das Gefühl der Zusammengehörigkeit fördert. Der Frauenmantel ist eine richtige Wohltat für die Seele.

Frauenmantel

* löst Kräfte, die uns zurückhalten,
* hilft, neu zu beginnen,
* verbindet mit Erde und Himmel,
* verbindet weibliche und männliche Energien,
* zentriert und bringt uns in Berührung mit der eigenen Mitte,
* wirkt entzündungshemmend und heilend,
* legt einen Schutzmantel um uns, der uns in allen Übergängen des Lebens begleitet.

Du, Frauenmantel, du Wohltat, zentrierst uns und stehst jedem Neubeginn bei.

Bilsenkraut

(Hyoscyamus niger)
Volksnamen: Schlafkraut, Zahnwehkräutl, Prophetenkraut

Das Bilsenkraut ist eine der geheimnisvollsten Pflanzen. Es war allen Europäern heilig. Jahrtausende lang wurde die psychoaktive Pflanze als Lehrer- und Schamanenpflanze sowie als Orakelkraut mit großer Sorgfalt angewendet. In verschiedenen alten Kulturen wurde es als Räuchermittel zur Geisterbeschwörung oder zur Wahrsagerei genutzt, daher auch die Bezeichnung Prophetenkraut. Für den Jagd- und Regenzauber wurde Bilsenkraut äußerst sorgfältig eingesetzt. Im Mittelalter wurde es zum Bierbrauen verwendet. Bilsenkrautbier war das „echte Pilsener". In den Badehäusern wurden Bilsenkrautsamen aufgrund der stimulierenden Wirkung verräuchert. Der Volksname Schlafkraut deutet auf die narkotische Wirkung hin. Bilsenkrautrauch wurde schmerzlindernd bei Zahnweh eingesetzt, daher der Name Zahnwehkräutl.

Heutzutage ist Bilsenkraut eine geschützte Pflanze und selten zu finden, da es auf vielen Flächen vernichtet wurde. Es gilt als stark giftig, halluzinogen und berauschend. Große Vorsicht ist geboten, denn es kann den Tod durch Delirien und Atemlähmung bewirken. Es sollte nur bei offenem Fenster verwendet werden. Kinder und schwangere Frauen sollten die Anwendung unterlassen.

Bilsenkraut
* wirkt schmerzlindernd und krampflösend,
* fördert die Lust, wirkt aphrodisierend und berauschend,
* lässt Begrenzungen überwinden und Zwänge ablegen,
* fördert Geistesblitze und die Eingebung,
* erleichtert den Kontakt mit Naturwesen und Ahnen,
* hilft, verborgene Schätze (wieder) zu finden.

Du, Bilsenkraut, geheimnisvoll nimmst du mich mit in die andere Welt.

Sommersonnenwende – Johannistag

Der Sommer ist eine Freudenzeit, in der wir unsere Lebendigkeit und Lebensfreude spüren können. Die Sonne gibt uns einen Energieschub. Wir genießen die hellen Sonnenstunden und die Wärme bis in den Abend hinein. Im Freien erleben wir die Fülle und Schönheit der Natur, das Reifen der Früchte, die Farbenpracht. Sommer verbinden wir mit Urlaub und Freizeit.

Seit jeher haben die Menschen eine besondere Beziehung zur Sonne gehabt. In vielen Religionen wurde sie als göttlich verehrt, als ordnende Kraft, die wärmt und erhellt. Wie heilsam ihr Licht sein kann, erfahren wir in der gegenüberliegenden Jahreszeit, im Winter, wenn wir uns nach ihr sehnen. Wer sich der Sonne jedoch zu sehr oder ungeschützt aussetzt, wird matt und erlebt ihre gefährlichen Seiten am eigenen Leib.

Am 21. Juni feiern wir die Sommersonnenwende. Wie die Wintersonnenwende dauerte auch dieses Fest in alten Zeiten volle zwölf Tage. Die Sonnenkraft wurde durch das Entzünden der Sonnwendfeuer noch erhöht. Aus Wales ist überliefert, dass neunerlei Arten Holz für dieses Feuer gesammelt wurden. Beifuß kam ins Feuer und wurde als Zeichen der Anwesenheit der Götter betrachtet. Die Menschen sprangen übers Feuer und tanzten ums Feuer. Die feurige Energie war die zentrale Mitte dieses ekstatischen Festes. Heute können wir das nur noch schwer nachvollziehen.

Obwohl astronomisch der Sommer gerade erst beginnt, wendet sich die Sonne bereits wieder in ihre Abwärtsbewegung. Der längste Tag und die kürzeste Nacht des Jahres markieren diesen Wendepunkt. Ab jetzt werden die Tage wieder kürzer. Mit der Sommersonnenwende beginnt dennoch die Zeit, in der die Sonne ihre größte Kraft entfaltet.

Die Kirche feiert am 24. Juni das Fest von Johannes dem Täufer. Johannes hat mit dem Blick auf Jesus gesagt: „Jener muss wachsen, ich aber unbedeutender werden." (Joh 3,30). Je mehr wir uns mit unserer inneren Sonne verbinden, mit dem Göttlichen in uns, umso unbedeutender wird unser Ego. Wie jede Schwellenzeit will uns auch der Johannistag in Berührung bringen mit unserem wahren Wesen.

Zu Ehren der Sonne und zu Ehren des hl. Johannes werden auch heute noch Feuer entzündet, häufig auf Bergspitzen oder an gut sichtbaren Kraftorten. Die Feuer dienten als Rituale des Schutzes und waren mit den Bitten um eine gute Ernte verbunden. Im Sommer beginnt die Erntesaison, die bis in den Herbst geht. Es ist eine heikle Zeit, in der Bauern und Bäuerinnen die Schäden durch Gewitter und Hagel fürchten, die sich bei der Sommerhitze bilden.

KRÄUTERSAMMELZEIT

Die sogenannten Johanniskräuter haben zur Zeit um die Sommersonnenwende ihre volle Kraft erreicht und werden jetzt gesammelt. Ihre Zusammenstellung variierte von Gegend zu Gegend. Fast immer waren Johanniskraut, Kamille, Quendel, Bärlapp, Beifuß, Arnika, Ringelblume, Holunder, Margerite, Eisenkraut und Schafgarbe enthalten. Eine der wichtigsten Pflanzen dieser Zeit ist das sonnige Johanniskraut, das eine starke antidepressive und auch entzündungshemmende Wirkung hat. Das Johanniskraut zählt wie die Königskerze und der Rainfarn zu den sogenannten Wetterkräutern, die bei aufziehenden Gewittern verräuchert wurden. Die Kräuterbuschen wurden getrocknet und aufbewahrt. Sie dienten das ganze Jahr über als Haus- und Stallapotheke. Gegenüber im Jahreskreis, in der Winterzeit, wirken diese Pflanzen besonders wohltuend und heilsam auf Körper, Geist und Seele, wenn sie ihre erhellende Sonnenenergie an uns abgeben. Die Sonnwendkräuter können aber auch zu Ehren der Sonne mitten im Sommer bei einer Sonnwendfeier verräuchert werden.

Wo aber Gefahr ist,
wächst das Rettende auch.
Friedrich Hölderlin

DIE EINLADUNG DIESER ZEIT

Wir fühlen uns von der Feuerkraft der Sonne angeregt, vitalisiert und voller Energie. Mit der Sonne im Gesicht können wir in dieser Zeit lernen, dass alles sein Maß und seine Zeit hat und dass Wechsel und Veränderung das einzig Beständige sind. Wir erleben das auch im eigenen Leben: In der intensiven Mittagshitze der Sommertage suchen wir unweigerlich den Gegenpol, den Schatten und das Wasser. Der Höhepunkt ist oft auch ein Wendepunkt. Was schön ist, können wir nicht festhalten.

Der Sommer lädt uns ein, auf uns selbst zu achten und auf das, was wir brauchen, um uns gesund und wohl zu fühlen. Es ist an der Zeit, gut für sich zu sorgen. Menschen, die ihre Selbstfürsorge vernachlässigen, erwarten oft insgeheim von anderen, dass sie diese ungestillten Bedürfnisse erkennen und befriedigen. Die Zeit eignet sich gut dafür, sich mit dem eigenen inneren Kind oder mit den inneren Bedürfnissen zu beschäftigen.

FRAGEN DIESER ZEIT
* Was in mir ist gewachsen und erblüht? Welche Seiten konnte ich mehr entfalten?
* Was möchte ich entdecken?
* Was dient wirklich meiner Erholung? Wodurch gewinne ich neue Kraft?
* Wann bin ich in meinem Element?
* In welchen Situationen oder an welchen Orten fühle ich mich voller Energie und Kraft?
* Kann ich mich selbst liebevoll annehmen und mütterlich/väterlich für mich sorgen?
* Was weckt mein inneres Feuer? Wofür brenne ich? Wovon bin ich begeistert?
* Wie drücke ich meine Liebe zum Leben aus?

LEBENSZEIT UND MENSCHLICHE ENTWICKLUNG

Die Sommersonnenwende entspricht der Zeit um die Lebensmitte, etwa im Alter zwischen 35 und 50 Jahren. Es ist eine Zeit der Fülle und der Freude. Viele Menschen beginnen Anfang 40 noch etwas Neues. Frauen und Männer beschäftigen sich in dieser Zeit mit Fragen nach dem Sinn des Lebens. Viele sehnen sich danach, mehr in der Gegenwart zu leben.

Auch die verlässliche Beziehung zu einem Partner ist in dieser Zeit zentral. Die griechische Göttin Hera ist der Archetyp der empfangenden und offenen Frau, die sich nach Begegnung und dauerhafter und treuer Bindung, nach der heiligen Hochzeit mit einem ebenbürtigen, reifen und starken Partner sehnt, mit dem sie für immer zusammen sein will.

Bei vielen Frauen beginnen die Wechseljahre. Diese Umstellungszeit der Hormone bringt einen immensen Energieschub, eine Feuerkraft, die aufschießt und zu Hitze- und Gefühlswallungen führt. Es ist die Zeit des Abschieds von der Mutterrolle und der Fruchtbarkeit.

ALLTAGSRITUALE

Im Sommer wird unsere Beziehung zur Sonne besonders deutlich. Oft beschäftigt uns die Frage nach dem Wetter: Wird heute die Sonne scheinen oder wird es regnen? Wird es heiß oder brauche ich mehr zum Anziehen? Im Juni können sich warme und kalte Tage abwechseln. Dann geht es darum, gut für sich zu sorgen.

Ab der Sommersonnenwende werden die Nächte länger und die Tage kürzer. Die Zeit lädt uns ein, wahrzunehmen, was in uns wachsen oder abnehmen will, wo es ums Zulassen oder ums Loslassen geht. Der Sommer lädt uns ein, mit der Sonne all das Sonnige in unserem Leben und in unserem Wesen wahrzunehmen und seine heilende und wärmende Gegenwart zu erfahren.

Der Sommer ist für viele die Zeit für Urlaub und Erholung. Das Wort Urlaub kommt von erlauben. Wirklich Urlaub machen bedeutet, sich zu erlauben, die Geschäftigkeit abzulegen und zur Ruhe zu kommen. Freiheit hat nichts mit großen Fernreisen zu tun, sondern mit der Möglichkeit, innerlich frei zu sein. Frei vom Zwang, immer aktiv sein zu müssen, frei vom Zwang, sich mit anderen zu vergleichen, frei vom ständigen Beurteilen von sich selbst und anderen.

PFLANZEN DIESER ZEIT
Johanniskraut, Wurmfarn, Föhre

Johanniskraut

(Hypericum perforatum)
Volksnamen: Hartheu, Blutkraut, Johannisblut, Löcherkraut, Teufelsbanner

Das Johanniskraut ist seit alters die Sonnenpflanze und das Wetterkräutl. Ganz durchdrungen von der warmen, leuchtenden Kraft der Sonne bringt es Licht in alle dunklen Ecken und Gedanken. Am Johannistag, d. h. zur Sommersonnenwende steht es in voller Blüte. Diese Sonnenkraft wirkt vor allem zur Wintersonnenwende, also in der im Jahreskreis gegenüberliegenden Zeit besonders wohltuend. Verräuchert bringen die Blüten und das ganze Kraut Licht in die dunkelste Jahreszeit. Das Johanniskraut wirkt stimmungsaufhellend. Es erheitert unser ganzes Wesen. Auch wenn wir „schwarz sehen", löst es die Angst und erhellt unser Gemüt. Außerdem wirkt es wundheilend, schmerzstillend und blutbildend. Beim Johannisfeuer zur Sommersonnenwende trugen die Mädchen einst Haarkränze aus blühendem Johanniskraut, um sich mit den Kräften des Lichts zu verbinden (am Kronenchakra). Als Wetterkräutl wird es bei heraufziehenden Unwettern verräuchert, manchmal auch zusammen mit anderen Wetterkräutern wie Eisenkraut, Königskerze oder Rainfarn. Ebenso vermag es „dicke Luft" und angespannte Atmosphäre zu lösen.

Johanniskraut
* schützt vor dunklen Mächten,
* befreit bei innerer Anspannung, Zerrissenheit, Unruhe, Melancholie und Trauer,
* unterstützt bei Stress, Streit oder Mobbing,
* reinigt und klärt die Atmosphäre in Beratungs- und Therapieräumen,
* entspannt elektromagnetisch geladene Räume,
* bringt Wärme und Licht in die Umgebung sowie in Leib und Seele,
* stärkt das Vertrauen in die innere Führung.

Johanniskraut, du Sonnenkraut,
entspannst alle inneren und
äußeren Unwetter und bringst Licht.

Wurmfarn

(Dryopteris filix-mas)
Volksnamen: Farnkraut, Flohkraut, Zauberkraut, Bandwurmwurz

Der Farn ist seit Jahrtausenden das „Zauberkraut" des Waldes: Er macht glücklich und reich. Er hält ewig jung. Er hilft die Sprache der Tiere zu verstehen und Schätze zu finden. Er macht unsichtbar. Die Spiralform, in der sich der Farn entrollt, ist eines unserer ältesten Symbole für Entwicklung. In seiner Art zu wachsen, weist er auf zwei zentrale Fähigkeiten hin: das Sich-zentrieren-Können und das Sich-aufrichten-Können. Die Wurzeln junger Pflanzen haben die Form einer kleinen Hand und werden als Johannishändchen bezeichnet. Sie wurden sowohl als Amulette getragen wie auch verräuchert.

In der Volksmedizin wurde der Farn trotz seiner Giftigkeit innerlich gegen Bandwürmer eingesetzt, daher der Name Wurmfarn oder Bandwurmwurz. Auf Farnwedeln gelagertes Obst hält durch die keimtötende Wirkung länger frisch. Unter dem Bett entspannt der Farn Störfelder und fördert einen gesunden Schlaf.

Zum Räuchern verwendet man die Farnwedel.

Wurmfarn
* bringt Sommersonne in die Kälte,
* zieht mit Mistel und Waldweihrauch verräuchert günstige Einflüsse an,
* entstört und harmonisiert,
* macht uns aufrichtig uns selbst gegenüber,
* fördert die Beweglichkeit und die eigene Entwicklung,
* hilft, die richtigen Worte zu finden.

*Du, Farn,
richtest uns auf,
damit wir uns dem
eigenen Wesen gemäß
entwickeln können.*

Föhre

(Pinus sylvestris)
Volksnamen: Kiefer, Kienbaum, Feuerbaum, Lichtbaum, Rotkiefer

Die Föhre, der Licht- und Feuerbaum, ist ausdauernd und widerstandskräftig. Das duftende, rote Harz ist nicht nur unter der Rinde, sondern auch in der Borke und kann getrocknet und gemahlen zum Räuchern verwendet werden. Die pulverisierte Rinde sowie die Zapfen, und die Kiefernnadeln eignen sich hervorragend für milde Räuchermischungen. Aus dem Stock und den Wurzeln wurden früher Kienspäne erzeugt. Diese wurden zum Entzünden von Feuer verwendet und dienten zudem als Lichtquelle, daher die Namen *Lichtbaum* und *Feuerbaum*. Kienspäne haben den Raum und die Stimmung erhellt. Die Bezeichnung Kiefer ist vermutlich durch eine Kürzung des althochdeutschen Wortes *kienforaha* „Kien-Föhre" entstanden.

Die Föhre wirkt lösend bei Melancholie, Schuldgefühlen, Einsamkeit und innerer Verwirrung. Mit ihrem roten, duftenden Harz vermittelt sie Lebensfeuer und Sinnlichkeit und wird daher traditionell in Liebesräucherungen verwendet.

Die Föhre
* bringt Seele und Geist in Einklang,
* vermittelt Geborgenheit, Vertrauen und Stabilität und hilft, gut im Leben zu stehen,
* beruhigt, entspannt, löst und bringt Frieden,
* segnet die Liebe,
* wandelt Trauer in Freude,
* schützt und wehrt negative Einflüsse ab,
* gibt Antrieb, Kraft und Lust, auch dann, wenn es eng und schwierig wird.

*Du, Föhre,
lässt mich mit Genuss
und Freude im Augenblick
leben.*

Erntemond – Schnitterfest – Maria Himmelfahrt

Im August erleben wir den Höhepunkt des Sommers. Wir können schon reichlich frisches Obst und Gemüse ernten. Die Getreidefelder sind reif. Es ist eine Zeit der Fülle und des Überflusses. Auf den Feldern herrscht Hochbetrieb. Schneidet man das Korn zu früh, ist es mitunter noch nicht ganz reif. Lässt man sich zu viel Zeit, zerstört vielleicht ein Gewitter die Chance auf eine gute Ernte, lässt das Korn ausfallen oder gar verfaulen. Es ist wichtig, den richtigen Zeitpunkt zu finden.

Die Kraft der Sonne kann im August fürchterlich werden. Es ist eine Zeit der Extreme. Die Hitze bringt die Luft zum Flimmern, Gewitter gehen nieder, es besteht Überschwemmungsgefahr. Die geballte Energie dieser Zeit ist deutlich spürbar, viele leiden an der Hitze und Schwüle. Der abnehmende Mond hat die Form einer Sichel und wird auch Erntemond genannt. Am nächtlichen Himmel zeigen sich Sternschnuppen. Die Nächte werden kühler. Manchmal kündigt sich der Herbst schon an.

Für den Hochsommer sind aus alten Zeiten mehrere Feste überliefert. Das Schnitterfest wurde am 1. August gefeiert, nachdem das Getreide geschnitten und das Korn eingebracht war. Es war das Fest des ersten Brotes, das aus dem frisch geernteten Getreide gebacken wurde. Die Bezeichnung Lammas für diese Feierzeit ist älter und nimmt Bezug zum frischen Brot. Es stammt vom angelsächsischen loaf-mas oder Laibmesse. Dieses Fest war der Auftakt für die Erntezeit, die bis Ende September dauerte. Dabei kam die Freude über das geschnittene Korn und das frische Brot zum Ausdruck. Das Fest diente als Kraft und Motivation spendendes Ritual inmitten einer anstrengenden Erntezeit.

Das Fest Lughnasad war bei den Kelten ein großes Lichtfest Anfang August, benannt nach dem Sonnengott Lugh. Sein Name bedeutet „Licht, der Scheinende, der Helle". Lugh hatte den Beinamen *der mit dem langen Arm*. Dieser lange Arm steht für einen Blitz oder einen Sonnenstrahl. Zum Fest des Lugh wurden alle Kräuter geweiht, die für das kommende Jahr in Haus und Hof nötig waren, um Mensch und Tier gesund zu halten und für Wohlergehen zu sorgen.

KRÄUTERWEIHE ZU MARIA HIMMELFAHRT AM 15. AUGUST

Die Christen verbanden das Segensfest der Kräuter mit dem Fest der Aufnahme Marias, der Mutter Jesu, in den Himmel (Maria Himmelfahrt). Der ganze folgende Monat bis Mitte September steht unter

dem besonderen Schutz der Gottesmutter und wird als Frauendreißiger bezeichnet. Eine Legende beschreibt, dass die Apostel Maria nach ihrem Tod beerdigt und das Grab mit einem Stein verschlossen haben. Als sie das Grab besuchen wollten, war es leer und sie fanden Rosen und Lilien darin. Rund um die Grabstelle wuchs eine Vielfalt an Blumen und Kräutern, die Maria zeitlebens geliebt hatte. Viele Kräuter werden daher als Marienkräuter bezeichnet. In den Kräutern begegnet uns die göttliche Gegenwart in ihrer mütterlichen, fürsorglichen, heilenden und schützenden Form.

Die Zusammenstellung der Kräuter für den Kräuterbuschen variiert je nach Region. Häufig verwendet werden: Königskerze, Schafgarbe, Baldrian, Thymian, Frauenmantel, Beifuß, Rainfarn, Salbei, Arnika, Ringelblume, Liebstöckl, Dill und verschiedene Getreideähren. Auch die Anzahl der Kräuter hängt von der Gegend ab, in der die Buschen gebunden werden:

* Sieben Kräuter stehen für die sieben Tage der Schöpfung bzw. der Woche.
* Neun, also dreimal drei Kräuter verweisen auf das Göttliche.
* Zwölf Kräuter erinnern an die zwölf Apostel.
* 14 Kräuter lassen uns an die 14 Nothelfer denken.
* 24, also zweimal zwölf Kräuter verweisen auf die zwölf Stämme Israels (Altes Testament) und die zwölf Apostel Christi (Neues Testament).
* Auch 72 oder sechsmal zwölf Kräuter weisen auf die zwölf Apostel hin.
* Und mitunter finden sich sogar 99 unterschiedliche Kräuter im Kräuterbuschen.

Die im römischen Ritus formulierten Gebete anlässlich der Kräuterweihe bringen deutlich zum Ausdruck, wie vielfältig Kräuter zu wirken vermögen:

(…) Gott, der Du Himmel, Erde und Meer, Sichtbares und Unsichtbares erschaffen hast (…) Gewähre gnädig, dass überall dort, wo auch immer von diesen gesegneten Kräutern etwas aufbewahrt, mitgetragen oder anders verwendet wird, Menschen, Schafe, Vieh, Reit- und Lasttiere heilende Hilfe finden gegen Krankheiten, Seuchen, Geschwüre, Bösartigkeiten und Verwünschungen sowie gegen die Gifte und Bisse der Schlangen und anderer Tiere, aber auch Verteidigung finden gegen teuflische Illusionen, Machenschaften und betrügerische Verführungen (…)

Also schon das Aufbewahren des Kräuterbuschen im Herrgottswinkel oder unter dem Kopfkissen, oder das Mittragen in der Hosentasche oder an einem Band um den Hals, hat eine heilsame Wirkung. Brautleuten legte man in der Hochzeitsnacht Kräuter unter das Kopfkissen. Diese sollten ihnen ein langes und kinderreiches Leben bescheren. Bei Krankheiten war es üblich, Kräuter im Krankenzimmer aufzuhängen oder zu verräuchern. Tote bekamen ein Kreuz aus geweihten Kräutern aufgelegt – als Stärkung für ihre letzte Reise. Bei Gewittern warf man die Kräuter ins offene Feuer. Dies sollte vor Blitzschlag und Seuchen schützen. Krankem Vieh wurden geweihte Kräuter ins Futter gemischt. Die Kräfte, die da wirken, sind die Heilenergie der Pflanze, die menschliche Absicht, das gesprochene Wort und der Glaube an den Segen Gottes.

DIE EINLADUNG DIESER ZEIT

Die Einladung dieser Hochsommerzeit kommt für mich im Bild der Schnitterin am besten zum Ausdruck. Der abnehmende Mond zeigt sich wie eine Sichel am nächtlichen Himmel. Mit der Sichel werden die Pflanzen geschnitten und geerntet. Das Durchtrennen, Abschneiden und Beenden sind die Themen dieser Zeit.

Die kluge Schnitterin kennt den richtigen Zeitpunkt, um einen Schnitt zu machen. Wenn wir die Kräuter in ihrer Farbenpracht und am Höhepunkt ihrer Intensität ernten wollen, gilt es, den Schnitt jetzt anzusetzen. Wenn wir zu lange warten oder zögern, verblühen die Pflanzen und verlieren ihre Farbe und ihre Kraft. Im übertragenen Sinn lädt uns diese Jahreszeit mit ihrer intensiven Energie dazu ein, mutig und kraftvoll etwas zu beenden, dessen Zeit reif ist. Die Schnitterin spornt uns an, Grenzen zu ziehen, nein zu sagen, Dinge zu klären oder Entscheidungen zu treffen. Die Schnitterin erntet, was sie ausgesät hat und was die Erde hat wachsen lassen. Auch für uns geht es darum, die Früchte unserer Arbeit zu ernten und uns selbst anzuerkennen für das, was wir sind und was wir gelernt, gegeben und schöpferisch hervorgebracht oder geleistet haben. Es ist unsere Lebenszeit, die wir dafür gegeben haben. Die Einladung lautet auch, dankbar auf das zu schauen, was außerhalb unserer eigenen Kräfte zum Gelingen beigetragen hat. Denn etwas ist immer Geschenk.

FRAGEN DIESER ZEIT

* Was ist reif und gut gelungen? Was ist schief gegangen?
* Welche Arbeiten gehen uns leicht und sicher von der Hand?
* Was gibt es zu entscheiden und zu beenden?
* Wo will ich Licht und Luft ins Dickicht bringen?
* Was ist für mich wie lebensnotwendiges Brot?
* Wo will ich König bzw. Königin sein in meinem Reich?
* Bin ich für andere Menschen eine Bereicherung? Habe ich Menschen, die hilfreich sind für mich?
* Wie pflege ich Beziehungen? Was kann ich in meinen Beziehungen zu anderen Menschen intensiver leben?

LEBENSZEIT UND MENSCHLICHE ENTWICKLUNG

Diese Zeit entspricht in etwa der Lebenszeit zwischen dem 50. und dem 60. Lebensjahr. Die Lebensphase lädt ein, selbstbewusst den eigenen Platz einzunehmen und sich in seiner Einmaligkeit wahrzunehmen. Wir richten den Blick auf das, was wir aus unseren Fähigkeiten und unserem Leben gemacht haben und was daraus geworden ist: Es ist Zeit, das Erreichte und Durchlebte zu würdigen und dankbar zu genießen, was immer es ist. Menschen in dieser Phase haben häufig eine starke Ausstrahlung. Sie können die eigene Würde und Stärke leben. Sie sind eingebunden in ein Netz von Beziehungen, in dem sie Gebende und Nehmende sind. Sie stehen voll im Leben und brauchen nicht mehr kämpfen. Die Zeit ab dem 50. Geburtstag lädt ein, gelassener zu werden. Es geht darum, noch mehr in Einklang zu kommen mit dem eigenen Wesen, wesentlich zu werden. Die Lebensmitte kann so manchmal auch zu einem Kurswechsel auffordern.

ALLTAGSRITUALE

Wir können Brot backen in Erinnerung an das Fest des ersten Brotes. Meine Großeltern und Eltern haben das frische Brot vor dem Anschneiden mit drei Kreuzzeichen auf der Unterseite bezeichnet. Diese Segensgeste erinnert mich heute noch an einen achtsamen Umgang mit unseren Lebensmitteln.

Früher war es üblich, vor dem Mittagsmahl gemeinsam zu beten. Auch ein kurzer Moment der Stille und des Innehaltens vor dem Essen kann uns aufmerksam machen auf das, was wir zu uns nehmen. Es ist nicht selbstverständlich, in einem Land zu leben, in dem es reichlich zu essen gibt. Wenn in einer Familie ein Ritual übrigens erst einmal eingeführt ist, fordern es Kinder meist von selbst ein. So erlebe ich es immer wieder mit meinen Nichten und Neffen. Wir können uns die Hände reichen und gemeinsam sprechen:

Erde, die uns dies gebracht,
Sonne, die es reif gemacht:
Liebe Sonne, liebe Erde,
Euer nie vergessen werde.
Christian Morgenstern

Der August und der September laden uns zum Wandern ein. Packen Sie Ihren Rucksack und suchen Sie sich ein passendes Ziel. Erleben Sie, wie wenige Dinge Sie brauchen, um froh und leicht unterwegs zu sein. Suchen Sie in der Hitze rechtzeitig den Schatten und einen Platz zum Abkühlen am frischen Wasser.

Suchen Sie sich an einem lauen Sommerabend mit klarem Himmel einen Platz im Freien, an dem Sie ungestört sein können, um in den Sternenhimmel zu schauen. Genießen Sie es, zur Ruhe zu kommen. Vielleicht kommt in der Stille und beim Anblick des funkelnden Sternenhimmels etwas in Ihrem Inneren zum Leuchten und bringt Sie in Berührung mit Ihrem funkelnden Wesenskern und dem Geheimnis des eigenen Lebens.

PFLANZEN DIESER ZEIT
Königskerze, Dost, Schafgarbe

Königskerze

(*Verbascum densiflorum*)
Volksnamen: Himmelsbrand, Donnerkerze, Fackelkraut, Neunmannskraft, Frauenkerze

Die Königskerze wird auch Himmelsbrand genannt. *Brand* bedeutet „emporlodernde Flamme". Die Königskerze steht für die Feuerkraft der Sonne und das innere Licht. Früher diente sie auch als Wetterkerze. Mit Hilfe der Königskerze wurden einerseits Wettervorhersagen getroffen. Andererseits diente sie auch als Schutz vor Unwettern. Sie entspannt und löst innere und äußere Unwetter und wirkt entladend auf alle Formen von elektromagnetischen Feldern.

Die Königskerze bildet die Mitte des traditionellen Kräuterbuschens. Ihre Wurzel wurde als schützendes Amulett getragen. Aufgrund ihrer entspannenden, beruhigenden Wirkung war die Königskerze eine der beliebtesten Tabakpflanzen und wurde am Feierabend in der Pfeife geraucht. Der heilsame Rauch dieses Knasterkrauts wurde bis in die 1960er-Jahre zur Heilung Lungenkranker für die sogenannten Asthmazigaretten verwendet. Zum Räuchern nimmt man das ganze Kraut.

Die Königskerze
* verbindet die Feuerkraft der Sonne mit unserem inneren Licht,
* unterstützt die inneren Kräfte, die uns aufrichten,
* lässt uns auf unsere innere Stimme hören,
* vertreibt die Schwermut und erhellt,
* ist Balsam für die Seele,
* reinigt und entspannt negative Strahlungen und Energien,
* wirkt ausgleichend bei Stress, Streitigkeiten und Spannungen.

Du, Königskerze, richtest uns auf und erfüllst uns mit der Kraft der Sonne.

Dost/Wilder Majoran

(Origanum vulgare)
Volksnamen: Lungenkraut, Frauendost, Wohlgemut

Der Dost ist eine der stärksten schutzmagischen Pflanzen. Er galt in der Volksmagie als eines der Hauptmittel gegen böse Geister und gegen den Teufel. Es gibt zahlreiche oberösterreichische Sagen, die davon erzählen, dass der Dost den Teufel verjagt. „Harthenau (Johanniskraut) und Dost, hätt ich das gewost, hätt ich das vernommen, wär ich nicht gekommen", ruft der Teufel und fährt aus der Haut. Der Wilde Majoran ist eine alte, robuste Gewürz- und Heilpflanze, die schnell viel Raum einnimmt und sich ausbreitet.

Das ganze Kraut wird für reinigende, schutzmagische Räucherungen verwendet.

Einer seiner Namen ist Wohlgemut, denn er richtet den Menschen auf, macht ihn fröhlich und verleiht Lebensmut, wenn seelischer Kummer und Melancholie das Herz belasten. Als schützende Pflanze, die uns mutig und froh ins Leben treten lässt, wurde er auch in Brautsträuße eingebunden.

Dost
* schenkt Raum für sich selbst und für Themen, die anstehen,
* hilft, bei Gegenwind dem eigenen Wesen treu zu bleiben,
* löst die Anspannung und hilft bei Liebeskummer,
* schützt vor fremden Einflüssen,
* stärkt den Willen und macht selbstbewusst,
* macht wohlgemut und stärkt die Lebensenergie.

Du, Dost,
löst den Kummer,
gibst mir meinen Raum
und machst wohlgemut.

Schafgarbe

(Achillea millefolium)
Volksnamen: Balsamgarbe, Frauendank, Gotteshand, Blutkraut, Heil aller Schäden

Die Schafgarbe wird als Heil aller Schäden bezeichnet. Sie ist eine der ältesten Heilpflanzen und ein in vielen Kulturen bekanntes Orakelkraut. Sie ist eines der wichtigsten Blutkräuter und wird bei Wunden und auch bei Frauenleiden häufig eingesetzt.

Die Schafgarbe ist das Kraut der Seherin. Sie fördert die innere Einsicht und Weisheit. Ihre Wurzeln wurden als Talisman getragen, um hellsichtig zu werden. Sie begleitet den Schlaf und die Träume. Sie hilft, sich leichter an Träume zu erinnern. Zum Räuchern verwendet man das ganze Kraut.

Die Schafgarbe schützt vor schädlichen Einflüssen. Sie vertreibt negative Energien von Personen, Gegenständen, Räumen und Orten. So zart sie ist, so zäh ist sie auch. Sie vermittelt die Kraft des Feuers und kann erwärmend, aber auch verbrennend wirken. Diesem Wesen gemäß erinnert sie uns daran, auf das richtige Maß und den goldenen Mittelweg zu achten.

Die Schafgarbe
* hilft bei Angst, Ungewissheit und „Bauchweh",
* vertreibt negative Energien,
* ermutigt und fördert die Entschlossenheit,
* regt die Seele an, Eindrücke zu verarbeiten,
* zentriert und lässt das richtige Maß finden,
* wirkt heilend und schützend,
* fördert die feinstoffliche Wahrnehmung.

Du, Schafgarbe, schürst das Lebensfeuer und gibst Kraft.

Jahreskreis und Räucherpflanzen

Herbst-Tagundnachtgleiche – Erntedank/Michaeli

Der Sommer ist zu Ende und der Herbst zieht ins Land. Das Tageslicht nimmt ab. Die Nächte werden ab jetzt wieder länger als die Tage. Die Aufbruchsstimmung ist vorbei. Die Arbeit des Sommers ist getan. Mit der Herbst-Tagundnachtgleiche zwischen 21. und 23. September beginnt die dunkle Jahreshälfte und die Lebenskräfte gehen wieder nach innen, so, wie sich die Samenkörner und Wurzelkräfte ins Erdreich zurückziehen. Das Laub beginnt sich nach und nach zu verfärben. Der Energie und Hitze des Sommers folgt die ruhige und sanftere Stimmung des Herbstes. Das Wort *Herbst* stammt vom althochdeutschen *herbist* und bedeutet „die Zeit, in der die Früchte reif sind, die Erntezeit".

Erntedank ist ein Freudenfest und ein Fest des Dankes an die Schöpfung, ein Fest der Fülle des Lebens. Es wird Ende September oder Anfang Oktober gefeiert und liegt im Jahreskreis dem Frühlingsbeginn genau gegenüber. Zu einer guten Ernte trägt nicht nur die eigene, oft harte Arbeit bei. Eine gute Ernte ist immer auch ein Geschenk des Himmels, der Erde und des Göttlichen in allem. Die Erntekronen, die Erntedankprozessionen und das Feiern in der kirchlichen Gemeinschaft sind heute noch Ausdruck dieser Dankbarkeit.

Der Altweibersommer bezeichnet die Zeit, in der das Wetter stabil ist und der Sommer warm und trocken ausklingt. Die Farben der Laubbäume werden noch bunter. Die Spinnen weben ihre Fäden und spannen ihre Netze gut sichtbar in die Landschaft. Wenn diese Fäden dann mit Tau bedeckt sind, wirken sie wie zarte Perlenketten. Die Spinnfäden erinnern auch an das grauweiße Haar alter Frauen. Mit dem Spinnen und Weben liegt auch der Bezug zur Göttin unter dem Weltenbaum nahe, die den Schicksalsfaden der Menschen spinnt und deren Schicksal webt.

Manche Menschen mögen die dunkle Zeit des Jahres nicht. Sie ist verbunden mit Kälte, mulmigen Gefühlen bis hin zu depressiven Verstimmungen. Ein wirksames Gegenmittel war in früheren Zeiten die Gemeinschaft am Feuer. Herbstfeuer dienten ähnlich wie die Feuer zu Frühlingsbeginn dazu, die Ängste und sämtliche böse Geister zu vertreiben. Mit dem Feuer und mit Rauch wurde früher noch einmal den Erd- und Himmelskräften für die eingebrachte Ernte gedankt. Zugleich haben die Menschen ihre Bitten zum Himmel geschickt, die dunkle und karge Zeit gut zu überstehen und das kommende Jahr wieder fruchtbar werden zu lassen.

Im Bauernkalender galt der Michaelitag am 29. September als Beginn der Winterarbeit, dem Spinnen und Garnmachen durch die Frauen und dem Weben durch die Männer. In der Kirche ist der Tag dem Fest des Erzengels Michael und auch der Erzengel Gabriel und Raphael geweiht. Dieses Fest der Engel will uns daran erinnern, dass wir von Engeln begleitet sind. Sie kommen gerade im rechten Moment, um uns zu helfen, uns aufzurichten und uns aufzufordern, unseren Weg zu gehen. Manchmal werden wir selbst zum Engel für andere. Manchmal sind Pflanzen wie Engel für uns.

DIE EINLADUNG DIESER ZEIT

Der Herbst lädt uns ein, uns nach der Fülle an Aktivitäten wieder nach innen zu wenden. Die Herbst-Tagundnachtgleiche will uns aufmerksam machen auf das Gleichgewicht in unserem Leben. Denn wir lernen und wachsen an Höhen und Tiefen. Im Wechsel von Licht und Schatten, Aktivität und Ruhe, Innen und Außen spielt sich das Leben ab. Wer aus dem Gleichgewicht gerät, wird krank.

Der Herbst erinnert uns daran, dass wir jedes Jahr ein Stück älter werden. Er übt uns ins Loslassen ein.

Der Herbst lädt uns ein, Bilanz zu ziehen und wie eine Waage mit zwei Schalen abzuwägen: Was ist gelungen? Was ist misslungen? Was gilt es anzunehmen? Was kann ich mit beiden Händen und offenem Herzen genießen? Was gilt es loszulassen und zu verabschieden oder zu betrauern?

Das milde Licht des Herbstes lädt uns ein, uns selbst und andere mit sanftem Blick anzuschauen: Unsere Stärken und Schwächen, unsere Erfolge und unser Scheitern sind menschlich. Mit mildem Blick können wir darauf verzichten, uns und andere ständig zu beurteilen. Es ist, wie es ist.

Die Zeit lädt uns ein, uns zu reifen Menschen zu entwickeln. Die Psychotherapeutin Boglarka Hadinger formuliert in acht Schritten, was dazu gehört:

1. Die eigenen Schwächen und Schattenseiten ohne Zorn und Eifer abmildern.
2. Begabungen schulen und Talente leben, sonst verursachen sie einen inneren Terror.
3. Sich ein Stück verzauberte Seele und den Sinn für die Wunder des Lebens bewahren.
4. Die beseelte und die unbeseelte Welt vorsichtig „in Händen" halten und achtsam handeln.
5. Nicht alles tun, was wir tun können, und nicht alles sagen, was sagbar ist.
6. Die jetzige Lebenssituation stellt uns Fragen und wir sind aufgefordert zu antworten.

7. Nicht wegen jeder Kleinigkeit frustriert sein. Das Leben hat einen langen Atem.
8. Die Liebe zur Weisheit ist eine Anlage, die genährt werden will, unabhängig vom Alter.

Eine Überreizung der Sinne und die Hetze blockieren den Reifungsprozess. Boglarka Hadinger betont, dass Reife nichts mit hoher kognitiver, sozialer und emotionaler Intelligenz zu tun hat.

FRAGEN DIESER ZEIT
* Woran reifen wir?
* Wo hat meine Arbeit Früchte getragen?
* Was sind meine Gaben, was kann ich mit anderen teilen?
* Was schätze ich? Wie kann ich für die Ernte meines Lebens und für die erfahrene Hilfe danken?
* Welche unerfüllte Hoffnung ist ein Teil von mir?
* Wie finde ich zu einem inneren Gleichgewicht?
* Kenne ich meinen eigenen, mir angemessenen Rhythmus und kann ich ihn leben?
* Haben Kunst und Poesie Platz in meinem Leben?

LEBENSZEIT UND MENSCHLICHE ENTWICKLUNG

Diese Phase entspricht dem frühen Alter, der Lebensphase von 60 bis 70. Bei einzelnen Menschen kann sie auch früher oder später sein. Viele Menschen stellen sich auf einen neuen Lebensabschnitt, den Ruhestand, ein. Sie orientieren sich neu, ordnen ihr Leben neu und stellen vielleicht den eigenen Rhythmus und das eigene Tempo um. Das Älterwerden, das allmähliche Nachlassen der Kräfte, der Schmerz auf körperlicher oder psychischer Ebene sind Teile vom Herbst unseres Lebens.

Was Menschen in diesem Alter auszeichnen kann, sind Güte und ein Wohlwollen sich selbst und anderen gegenüber. Eine wichtige Voraussetzung für eine wohlwollende Haltung ist der Verzicht auf Bewertungen. Wohlwollende Menschen haben die Gabe, eine Atmosphäre zu schaffen, in der sich andere angenommen fühlen, wie sie sind. In einer wohlwollenden Atmosphäre ermöglichen wir Menschen, über das zu sprechen, was sie im Tiefsten bewegt.

ALLTAGSRITUALE

Der Herbst ist die Zeit des Verwertens der Ernte. Gemüse und Früchte werden als Vorräte für den Winter eingelagert. Meistens gibt es von bestimmten Sorten einen Überschuss. Eine Idee ist, zu einem Erntedankfest einzuladen mit der Bitte, dass alle etwas mitbringen zum Verkosten und zum Tausch. Meine Erfahrung ist, dass alle bereichert nach Hause gehen. Gestalten Sie gemeinsam einen Erntedanktisch und bringen Sie Ihre Freude über diese Fülle zum Ausdruck – singend, tanzend, lachend – wie immer es für Sie passt.

Der Herbst lädt uns ein, uns auf die winterliche Ruhepause vorzubereiten. Wir verbringen schon wieder mehr Zeit drinnen. Die Tage des Altweibersommers mit ihrer Wärme und ihrem goldenen Licht können wir aber im Freien bei Spaziergängen oder Wanderungen noch richtig genießen.

Wenn Sie Musik lieben, dann horchen Sie ein Engelslied, z. B. von Felix Mendelssohn Bartholdy: „Denn er hat seinen Engeln befohlen über dir, dass sie dich behüten auf allen deinen Wegen (…)." Versuchen Sie, der Zusage dieses Liedes zu vertrauen. Wenn Sie ein Bild eines Engels oder eine Figur haben, die Sie mögen, dann stellen Sie diese auf mit frischen Blumen und grünen Zweigen.

Wenn Schmerzen uns plagen, ist der Herbst eine ganz besonders wichtige Zeit, uns darum zu kümmern und etwas zu tun, um sie zu lindern. Vielleicht helfen Hausmittel und Bewegung, vielleicht ist es an der Zeit, professionelle Hilfe in Anspruch zu nehmen. Wir leben zum Glück in einem Land mit ganz vielfältigen Möglichkeiten.

Der Engel in dir

Der Engel in dir
freut sich über dein Licht
weint über deine Finsternis

Aus seinen Flügeln rauschen
Liebesworte
Gedichte Liebkosungen

Er bewacht
deinen Weg

Lenk deinen Schritt
engelwärts

Rose Ausländer

> **PFLANZEN DIESER ZEIT**
> *Hafer, Lärche, Heckenrose*

Hafer

(Avena sativa)
Volksname: Habern

Hafer wurde vermutlich bereits während der Bronzezeit angebaut, später war das Getreide bei den Germanen sehr beliebt. Sein Stroh wurde schon früh als Füllstoff für Matratzen verwendet, um Rheuma, Gicht und Schmerzen zu lindern. Die kräftigende und gleichzeitig beruhigende Wirkung des Hafers wurde in der Volksmedizin schon immer hoch geschätzt.

Der Hafer unterscheidet sich von anderen Getreidearten dadurch, dass er keine Ähren, sondern Rispen ausbildet. Er ist eine äußerst bewegliche und elastische Pflanze, alles Starre ist ihm fremd.

Die Redewendung „Dich sticht wohl der Hafer!" leitet sich ab aus der Beobachtung, dass Pferde, denen reichlich Hafer gefüttert wurde, übermütig wurden. Er liefert sehr viel Energie und Tatkraft. Zum Räuchern können das getrocknete Stroh und Korn des grünen Hafers oder des reifen Hafers verwendet werden.

Hafer
* baut auf, richtet auf und kräftigt,
* stärkt die Nerven und hilft bei Überforderung, Erschöpfungszuständen und Schlafstörungen,
* fördert den Mut und die Entscheidungskraft,
* schärft den Blick für selbstgemachten Stress,
* fördert ein fröhliches Gemüt und Aufgeschlossenheit,
* hilft, die eigene Mitte und den eigenen Rhythmus wiederzufinden,
* hilft, das Leben leichter zu nehmen.

*Du, Hafer,
löst alles Erstarrte,
richtest auf und
gibst Kraft.*

Lärche
(Larix decidua)

Die Lärche ist der Baum der Erdmutter. Die Saligen, so heißt es, hatten ihr Zuhause in den alten Lärchen.

Die Saligen sind weise Frauen, die glückselig machen. Alte Sagen erzählen auch von Rauchopfern mit Lärchenharz zu Ehren der großen roten Göttin, der Erdmutter.

Die Lärche ist ein fröhliches, weiches und weibliches Wesen. Sie bringt Segen, Zuversicht und Heiterkeit. Sie lässt uns wie der Haselnussstrauch die Welt um uns herum vergessen oder in einem goldenen Licht sehen. Zum Schutz vor dunklen Mächten wurde ein Lärchenzweig über die Türe gehängt. Gegen Behexung oder den bösen Blick wurden Kindern ein Stück Lärchenrinde oder ein Lärchenzapfen um den Hals gehängt. Die „ziehenden" Eigenschaften von Lärchenharz wurden für Zugsalben (Pechsalben) sowie bei Räucherungen genutzt. Wenn wir bei einer Wanderung unter einer Lärche rasten, nimmt sie uns die Müdigkeit und schenkt uns Leichtigkeit und Freude für den weiteren Weg. Die pulverisierte Rinde eignet sich hervorragend für milde Räuchermischungen.

Die Lärche
* schützt vor dunklen Mächten,
* schenkt Heiterkeit, Zuversicht und Segen,
* vermittelt Leichtigkeit und Vertrauen,
* schafft eine Atmosphäre des Gelingens,
* wirkt reinigend, lösend und entspannend,
* stärkt bei Müdigkeit und bei psychischen Leiden.

Du, Lärche, schenkst Heiterkeit und Leichtigkeit.

Heckenrose

(Rosa canina)
Volksnamen: Hundsrose, Hagrose, Hagedorn, Hetschipetsch

Die Rose steht in vielen Kulturen für Weisheit, Herzensliebe und Zuneigung. Die Kelten und Germanen baten mit der Rose um den Segen und setzten sie als Orakel- und Schutzpflanze ein. Den Germanen war die Rose heilig. Es hieß, die Rose wachse im Zaubergarten der Göttin Freya, welche für die Liebe und das Glück zuständig war. Als Symbole der Liebe und des Glücks werden Rosen bis heute in Brautsträuße eingebunden.

Die Heckenrose lässt uns inneren Frieden finden und unterstützt uns dabei, uns selbst anzunehmen und uns lieben zu lernen. Die gefährlichen Dornen und die zarten und duftenden Blüten sind in der Rose vereint. So verbindet sie Gegensätze. Rosenblütenblätter und Hagebuttenkerne wirken beim Verräuchern segnend und weihend. Mit ihrem feinen Vanillinduft stärkt das Verräuchern der Hagebuttenkerne die Herzenskraft.

Die rosaroten Blütenblätter sind herzförmig und geben uns mit dieser eindeutigen Signatur einen Hinweis auf die starke Herzwirksamkeit. Die Heckenrose wirkt öffnend und hilft, mit klarem Blick „sich ein Herz zu fassen" und „etwas übers Herz zu bringen".

Die Heckenrose
* segnet den eigenen Weg,
* wirkt versöhnend, erlösend und annehmend,
* verbindet das Gegensätzliche,
* schenkt inneren Frieden und Ruhe,
* wirkt antidepressiv, beseitigt Ängste und stärkt die Zuversicht,
* fördert harmonische und liebevolle Beziehungen,
* hilft, das Leben vielfältig, schön und genussvoll zu erleben.

Du, Rose, segnest mich und stärkst mein Ja zum Leben.

Neumond-Dunkelheitsfest – Allerheiligen/Allerseelen

Die Nächte sind schon spürbar länger. Die Natur ist noch voller Farben und Schönheit. Die Blätter an den Bäumen sind bunt und manche Blumen blühen noch. Es reicht aber eine Nacht mit Frost und die Blätter fallen. Damit endet auch die Farbenpracht. Tiere legen die letzten Vorräte an und gehen in den Winterschlaf. Die Sonne schafft es an vielen Orten nicht mehr, den Nebel zu lichten. Die Tage werden noch kürzer und zunehmend nass, kalt und trüb. Die Kraft des Lebens ist verschwunden. Folgerichtig darf keine Heilpflanze mehr geerntet werden. Die Natur wird still, alles richtet sich nach innen. Gerne ziehen wir uns ebenfalls zurück in unsere beheizten Räume.

Samhain ist ein altes irisch-keltisches Fest zu Ehren des dunklen, unsichtbaren Neumonds (Nebelmond). Es wurde als Dunkelheitsfest am Abend des 31. Oktober und am 1. November begangen. An diesem Abend verschwammen die Grenzen zwischen Himmel und Erde. Die Seelen der Verstorbenen stiegen herab. Für die Kelten war Samhain das Neujahrsfest. Das neue Jahr begann also mit dem Winterhalbjahr, auch Jahresnacht genannt. Mit dem Sterben in der Natur beginnt tatsächlich ein neuer Zyklus.

In allen alten Kulturen hatte die Verbindung mit den Ahnen einen ganz besonderen Stellenwert und wurde als große Kraftquelle erlebt. Die Ahnen wurden um Rat und Beistand gebeten, verehrt und geachtet. In dieser Jahreszeit galten die Wände zwischen den Welten als besonders dünn oder lösten sich auf, was den Kontakt mit den Ahnen erleichtert hat. Man glaubte, dass die Verstorbenen an diesem Tag die Möglichkeit hätten, an den Ort ihres früheren Lebens zurückzukehren. Die Aufmerksamkeit, die den Ahnen entgegengebracht wurde, zeigte sich z. B. in Form einer Mahlzeit, die für sie in der Stube bereitgestellt wurde. Die Lebenden fühlten sich nach wie vor mit ihnen verbunden. Es war in ihrem Bild überhaupt alles mit allem verbunden.

Auch in unserer Kultur ist Allerseelen eng mit dem Totengedenken verbunden. Wir erinnern uns an unsere Verstorbenen und können die Verbundenheit mit ihnen über den Tod hinaus spüren. Allerheiligen ist ein Fest, das Himmel und Erde verbindet. Die Kirche gedenkt aller Heiligen, also aller Menschen, durch deren Leben etwas Heilsames in die Welt gekommen ist. Dieses Fest ist ein Impuls, an die eigenen Möglichkeiten für ein gelingendes und glückendes Leben zu glauben, mit dem wir etwas ausstrahlen, das der Welt gut tut.

Halloween hält, wie alles, aus dem sich ein gutes Geschäft machen lässt, auch bei uns Einzug. Der Brauch, Fratzen in Kürbisse zu schneiden und Kerzen hineinzustellen, stammt aus Irland und wir finden darin wieder eine Handlung, die früher dazu diente, Haus und Hof vor bösen Geistern zu schützen und mit den eigenen Ängsten umzugehen. In diesen Geisternächten, in denen die Toten rastlos umherschweiften, wagte sich niemand aus dem Haus, außer er war selbst als Geist verkleidet.

DIE EINLADUNG DIESER ZEIT

Der Spätherbst lädt uns ein zum Rückzug. Es ist die Zeit der Trennung, des Abschieds und der Trauer. Es ist eine stille Zeit, die uns lehren will, loszulassen und nicht an Vergänglichem festzuhalten. Trauer ist ein dunkles Gefühl und zugleich eine lebensnotwendige Energie. Das scheint in Vergessenheit zu geraten. Wenn Trauer verdrängt wird oder gar nicht mehr empfunden werden kann, kann dies zu körperlichen Beschwerden oder auch zu Depressionen führen. Der griechische Trauerforscher Jorgos Canacakis beschreibt dies auf beeindruckende Art und Weise. Trauer hilft uns, Abschied zu nehmen, Verluste zu verarbeiten und mit unserer Vergänglichkeit umzugehen. Tränen haben dabei eine wichtige Funktion, denn wenn jemand weint und die Tränen fließen, löst sich der Schmerz und wird weggespült.

Angesichts der Endlichkeit kann es uns leichter fallen, uns auf das zu konzentrieren, was uns wirklich wichtig ist im Leben. Wir können diese Zeit nützen, uns mit der eigenen Herkunft und den eigenen Wurzeln zu beschäftigen und uns mit der eigenen Geschichte auszusöhnen. So können wir leben aus Wurzeln, die uns Kraft geben.

Auf so einer Basis kann die Zeit des Erträumens und der Visionen beginnen. Wir können schwanger gehen mit neuen Ideen und kreativen Plänen, die noch geboren werden wollen. Wir können uns verbinden mit den Möglichkeiten, die in uns angelegt sind und mit allem, was für uns zu einem gelungenen und geglückten Leben gehört.

FRAGEN DIESER ZEIT

* In welcher Weise habe ich mich im Lauf des Jahres verändert?
* Wovon will ich mich lösen, was kann ich jetzt verabschieden?
* Was sind die Gaben meiner Ahnen, wem bin ich ähnlich?
* Wer von ihnen unterstützt mich?
* Mit welchen Verstorbenen ist noch eine Aussöhnung nötig?
* Wie kann ich mit dem Nachlassen meiner körperlichen Kräfte und meiner Energie umgehen?

* Kann ich zulassen, dass ich manchmal nicht weiß, wohin meine Reise gehen soll?
* Wo habe ich bereits erfahren, dass mir im tiefsten Dunkel Licht und Kraft zuströmen?
* Wie kann ich mir mehr Zeit fürs Ausruhen und für besinnliche Momente gönnen?

LEBENSZEIT UND MENSCHLICHE ENTWICKLUNG

Auf der Ebene der menschlichen Entwicklung steht diese Jahreszeit für die Zeit von ca. 70 bis 80 Jahren. Die körperlichen Beschwerden werden mehr und die Kräfte lassen nach. Je nach Gesundheitszustand und Prägungen wird diese Lebensphase völlig unterschiedlich erlebt. Häufig ist sie von Verlust, Abschied und Trauer begleitet. Langjährige Freunde, Bekannte, Verwandte und Menschen aus der Nachbarschaft sterben. Oft wird einem lieben Menschen „das letzte Geleit" gegeben und Beerdigungsrituale erhalten eine besondere Bedeutung. Wenn wir selber um einen Herzensmenschen trauern, ist die Anteilnahme nahestehender Menschen eine besondere Form der Zuneigung. Alte Menschen sind weise, wenn sie sich mit sich selbst und mit ihrer Geschichte ausgesöhnt haben und etwas Positives ausstrahlen. Weisheit ist aber keine Frage des Alters.

ALLTAGSRITUALE

Ende Oktober werden die Uhren von der Sommerzeit auf die Winterzeit umgestellt. Auch unser Organismus stellt sich um und wir verspüren ein wachsendes Bedürfnis nach Ruhe und Schlaf. Die Zeit lädt uns ein, unser Tempo zu reduzieren und uns mehr Ruhe und Zeit zu gönnen, z. B. für regelmäßige Spaziergänge bei Tageslicht und in der kühlen und feuchten Herbstluft.

Zu Allerheiligen werden die Gräber mit frischen Blumen, immergrünen Pflanzen und Kerzen geschmückt. Wir kehren an den Ort unserer Kindheit zurück, besuchen die Gräber unserer verstorbenen Angehörigen und verbinden uns so mit unseren Wurzeln. Vielleicht regen diese Rituale Sie an, die Geschichte Ihrer Familie aufzuschreiben oder einen Stammbaum zu zeichnen.

Nach dem plötzlichen Tod meines Vaters war das Grab für mich ein wichtiger Ort der Trauer. Jetzt ist es ein Erinnerungsort. Ich denke an das, was er mir geschenkt hat und spüre eine tiefe Achtung vor ihm und seinem Leben. In meiner Familie ist es Tradition, dass wir uns zu Allerheiligen treffen. Wir gehen zur Gräbersegnung auf den Friedhof. Anschließend versammeln wir uns zu Kaffee und Kuchen bei meiner Mutter und freuen

uns darüber, einander wieder einmal zu sehen. Wir erinnern uns an unseren verstorbenen Vater und unsere Großeltern, indem wir Erlebnisse und Geschichten austauschen. Die durchlebte Trauer hat uns aufs Neue verbunden und das fröhliche Zusammensein vermittelt Lebensfreude und Geborgenheit.

Es kommt die Zeit der Erkältungen, daher ist es hilfreich, sich immer wieder eine Tasse Kräutertee zu gönnen – vielleicht sogar mit selbst gesammelten Kräutern und den damit verbundenen Erinnerungen an die Wärme und das Licht des Sommers. Wenn eine Freundin sagt: „Ich freu mich schon auf die Tee- und Kerzerlzeit", wird deutlich, dass auch Kerzenlicht uns wärmen und wohltun kann. Wenn am 11. November das Martinsfest gefeiert wird und Kinder die Finsternis mit ihren bunten Laternen erleuchten, kann das ein Impuls für uns sein, dem inneren Licht nachzugehen.

Augen-blicke

*Jeder Augenblick ist ewig
wenn du ihn zu nehmen weißt.*

*Ist ein Vers der unaufhörlich Leben,
Welt und Dasein preist.*

*Alles wendet sich und endet
und verliert sich in der Zeit.*

*Nur der Augenblick ist immer.
Gib dich hin und sei bereit!*

*Wenn du stirbst,
stirbt nur dein Werden.*

*Gönn ihm keinen Blick zurück.
In der Zeit muss alles sterben
aber nichts im Augenblick.*

Konstantin Wecker

PFLANZEN DIESER ZEIT
Eibe, Engelwurz, Baldrian

Alle immergrünen Pflanzen wie z. B. Efeu, Buchs, Stechpalme, Segenbaum, Immergrün, Eibe, Tanne, Fichte usw. sind Symbole für die Treue und das ewige Leben. Sie stehen für die Unvergänglichkeit und werden daher häufig als Toten- und Friedhofspflanzen eingesetzt. Sie übermitteln die tröstende Botschaft: Auch wenn der Körper tot ist, die Seele lebt.

Eibe
(Taxus baccata)

Die Eibe galt in vielen Kulturen als heiliger Baum. Auch der Weltenbaum in der germanischen Mythologie war vermutlich eine Eibe. Sie ist der Baum der Ewigkeit und verkörpert die Einheit von Leben und Tod. Sie führt aus dem Dunkel ins Licht und steht für Fröhlichkeit. Die immergrünen Zweige erinnern uns daran, dass das Sterben ein Übergang in ein anderes Dasein ist. Häufig ist die Eibe auf Friedhöfen zu finden. Den Toten wurden früher Zweige der Eibe mit ins Grab gegeben. Die Eibe hat so den Übergang in ein anderes Dasein begleitet. Das vorsichtig dosierte Verräuchern von Eibennadeln oder Rindenstückchen unterstützt uns dabei, Abschied zu nehmen und etwas „gut sein zu lassen". Es regt an, den Blick in die Zukunft zu wenden.

Die Eibe
* hilft, etwas gut sein zu lassen und loszulassen,
* schließt Vergangenes ab („Es ist vorbei"),
* löst den Schmerz der Trauer auf,
* stellt die Verbindung zu den Ahnen her,
* stärkt das innere Wissen,
* fördert die Ausdauer und das Vertrauen in den ewigen Kreislauf des Lebens,
* ermöglicht es, in die Zukunft zu träumen und Visionen zu entwickeln.

Du, Eibe,
lass das, was war,
gut sein für mich.

Engelwurz

(Angelica archangelica)
Volksnamen: Angstwurz, Angelika, Brustwurz, Erzengelwurz, Theriakwurz

Als eine der stärksten magischen Schutzpflanzen Europas ist die Engelwurz die Pflanze des Lichts. Sie gibt Kraft und löst Ängste (daher auch der Volksname Angstwurz). In Zeiten der Veränderung schenkt sie uns Selbstvertrauen und Mut, den eigenen Weg zu gehen. Die Engelwurz verbindet schon im Namen das Oben (Engel) mit dem Unten (Wurz). So vermag sie auch in uns das Gefühl der Verbindung nach oben in den Himmel und nach unten zu unseren Wurzeln zu stärken. Früher wurde die Engelwurz auch bei „Besessenheit" eingesetzt. Der Theriak, zu dessen Zutaten sie gehörte, galt im Mittelalter als Arznei und Universalheilmittel gegen alle möglichen Krankheiten und Gebrechen. Zum Räuchern eignen sich Wurzel, Blätter und Samen.

Die Engelwurz
* gibt Kraft, schenkt Geborgenheit und schützt,
* bringt Licht ins Dunkel der Seele, wirkt stimmungsaufhellend und erhebend,
* fördert die Spiritualität,
* zentriert und hilft, zu den eigenen Wurzeln zu finden,
* stärkt, unbeirrbar den eigenen Weg zu gehen,
* ermutigt und inspiriert in Zeiten des Wandels,
* ist hilfreich, um Häuser zu reinigen, wenn z. B. Verstorbene in den Räumen noch spürbar sind.

Engelwurz, du ermutigst, schützt und schenkst Licht.

Baldrian

(Valeriana officinalis)
Volksnamen: Augenwurz, Wundwurz, Theriakwurz, Mondwurz

Der Name Baldrian geht auf Baldur, den lichtvollen Gott der Germanen, zurück. Denn wie der sanfte Gott hilft auch die Pflanze segnend und sanft allen, die Hilfe benötigen. Baldrian entspannt und hilft, in die Tiefe zu gehen. Er vermittelt Selbstachtung, Wertschätzung und Leichtigkeit. Ein altes Sprichwort drückt es treffend aus: „Das Herz, den Sinn, die Nervenbahn, beruhigt uns der Baldrian." Als Mondwurz, wie er mit Volksnamen auch genannt wird, unterstützt er unsere unbewusste und mystische Seite, vereinfacht den Kontakt zu Naturwesen und erleichtert die Meditation. Baldrian hilft, zum eigenen Ursprung zu finden.

Er verstärkt unser Traumerleben und stärkt unsere Intuition. Zum Räuchern verwendet man Blüten und Wurzeln. Baldrian sparsam dosieren, da er sonst einen sehr unangenehmen Geruch entwickelt. Im Mittelalter war er wie auch die Engelwurz eine Zutat des Allheilmittels Theriak.

Baldrian
* fördert die Selbstachtung und das Vertrauen in den eigenen Lebensweg,
* bringt Licht in die Tiefe der Seele und tiefes Wissen aus dem Unbewussten ans Licht,
* schützt, umarmt, schenkt Geborgenheit und Kraft,
* löst innere Anspannung, beruhigt und schafft Harmonie,
* schenkt einen erholsamen Schlaf,
* fördert die Lust und die Fähigkeit zur Hingabe,
* lässt die Lebensenergie fließen.

*Du, Baldrian,
hilfst uns, dem zu trauen,
was am Grunde unserer
Seele wohnt.*

Greisenalter bis zum Ende des Lebens/ Sterben

Winter-Sonnenwende/21.1

Älterwerden
70–80

Allerheiligen

Der Jahreslauf als Analogie

Neuordnung, Ruhestand, 60–70

Herbst-Tagundnachtgleiche / 23.9.
Sonnenfest / Erntedank

Schnitterfest / Maria Himmelfahrt

Ausstrahlung, Autorität
50–60

Sonnenfest / Johannis

DIE ALTE DREITEILUNG DES JAHRESKREISES

Der Jahres- und Lebenszyklus wurde in vielen Kulturen als Dreiheit gesehen. Die drei Phasen des Mondes – zunehmender Mond, Vollmond und abnehmender Mond – standen für die drei Lebensphasen des Menschen:

* Jugend, Erwachsenenalter und Alter,
* Wachsen, Fruchtbarkeit und Vergehen,
* Vergangenheit, Gegenwart und Zukunft.

Die Zahl Drei gilt von alters her als göttliche und heilige Zahl. Alles Leben, Sterben und Erneuern wurde in dieser Dreiheit erlebt und ausgedrückt und prägte lange Zeit die religiöse Vorstellung. Später entwickelte sich daraus das Bild der Großen Göttin in ihren drei Aspekten, als Jungfrau, als fruchtbare Frau und als Greisin und alte Weise. Eine Dreiheit von Göttern als Symbol für die allumfassende Göttlichkeit existiert in vielen Kulturkreisen. Der christliche Glaube an Gott als Vater, Sohn und Heiligem Geist ist ein vertrautes Beispiel dafür. Damit kommt bei allen Unterschieden immer eine innige Verbundenheit zum Ausdruck.

Ich verbinde an dieser Stelle die alte Dreiteilung des Jahres und des menschlichen Lebens noch mit drei weiblichen Göttinnen bzw. Heiligen sowie mit den drei ältesten Räucherpflanzen: Beifuß, Wacholder und Ruchgras.

Alles hat seine Stunde.
Für jedes Geschehen unter dem Himmel gibt es eine bestimmte Zeit (…)
Koh 3,1

Eins in dreien – Umfassend verbunden

Die Germanen hatten die Vorstellung, dass drei Schicksalsfrauen, Nornen genannt, das Schicksal der Menschen lenken. Die drei Nornen verkörpern die Vergangenheit, die Gegenwart und die Zukunft. Sie heißen Verdandi (das Werdende), Urd (die Bestimmung, das Schicksal), und Skuld (das Gesollte). Diese drei Frauen wohnen an der Wurzel des Weltenbaumes Yggdrasil, der an der Urquelle allen Lebens, der Quelle des Schicksals steht. Der Weltenbaum symbolisiert die drei Welten: die Welt der Götter, die der Menschen und die Unterwelt, in der die Seelen der Verstorbenen weilen. Dort, am Fuße des Weltenbaumes, spinnen die drei weisen Frauen die Schicksalsfäden der Menschen und Götter. Sie bestimmen die Länge des Lebensfadens und weben das Muster aus Gut und Böse. Am Ende schneiden sie den Lebensfaden ab und bringen damit den Tod.

In der christlichen Zahlensymbolik ist die Drei das Symbol für die Dreifaltigkeit (Trinität) Gottes aus Vater, Sohn und heiligem Geist. Im Spätmittelalter taucht in der Volksfrömmigkeit und in der Kunst die Dreigestaltige Göttin auf und es liegt die Vermutung nahe, dass sie der Tradition der heidnischen Göttinnen entspricht. Ambeth (Erde), Wilbeth (Sonne) und Warbeth (Mond), die drei Bethen des Abendlandes, wurden als Nationalheilige verehrt und sind ein Synonym für die Dreigestaltige Göttin. Man erhielt den Segen für den weiteren Lebensweg von Sonne, Mond und Erde. Unser Wort *beten* ist davon abgeleitet und bedeutet „die Göttin anrufen".

In der christlichen Tradition traut man dem Gebet und der Meditation heilende Wirkung zu. Eine besondere Stellung nahm die Verehrung der 14 Nothelfer ein. Unter ihnen finden sich nur drei weibliche Gestalten: „Barbara mit dem Turm, Margarete mit dem Wurm und Katharina mit dem Radl, das sind die heiligen drei Madl." Sie wurden trotz ihrer sehr unterschiedlichen Charaktere als untrennbare Einheit verehrt und um Beistand gebeten. Diese drei Frauen verkörpern typische Themen unserer Selbstwerdung auf dem Weg zu einem gelingenden Leben. Ihre Legenden gewinnen zusätzliche spannende Aspekte, wenn wir sie mit der großen Dreigestaltigen Göttin aus vorchristlicher Zeit verbinden.

Dreiteilung des Jahres

DREIGESTALTIGE GÖTTIN	WEISSE GÖTTIN	ROTE GÖTTIN	SCHWARZE GÖTTIN
Lebensphase	Jungfrau	reife Frau/Mutter	weise Alte
Thema	Inspiration	Fruchtbarkeit	Alter/Tod
Jahreszeit	Frühling/Lichtmess bis Sommersonnenwende	Sommer/Sommersonnenwende bis Erntedank	Winter/Erntedank bis Lichtmess
Himmelskörper	Sonne	Erde	Mond
Zeit	Zukunft	Gegenwart	Vergangenheit
Norne (Schicksalsgöttin)	Verdandi (das Werdende)	Urd (das Schicksal, die Bestimmung)	Skuld (das Gesollte)
Aufgabe	Sie spinnt den Lebensfaden.	Sie erhält den Lebensfaden.	Sie schneidet den Lebensfaden ab.
hl. Madl	Katharina	Margarete	Barbara
Symbol	Rad	Wurm (Schlange, Drache)	Turm
Mariendarstellung	Jungfrau Maria mit weißem oder blauem Kleid	Mutter Maria mit rotem Kleid	Schmerzensmutter im schwarzen Kleid (Pietà)

Die Heiligen Drei Madl und die Große Göttin

KATHARINA UND DIE REINE UND AUFRICHTIGE WEISSE GÖTTIN

Die hl. Katharina wird in der Kunst immer mit einem zerbrochenen Rad dargestellt, dem Lebens-, Schicksals- oder Jahreszeitenrad. Katharina weiht uns ein in das Geheimnis unseres Lebens. Das zerbrochene Rad steht für unerfüllte Hoffnungen, zerbrochene Lebenspläne, gescheiterte Beziehungen und erfolgloses Bemühen. In ihrer Legende war es ein Engel, der das Rad des Lebens zerbrochen hat. Sonst hätte sich das Rad immer weiter oder schneller gedreht und ins Verderben geführt. Auch wenn wir nicht verstehen können, warum unsere Pläne durchkreuzt werden, sind wir nicht gebunden an das Schicksal, das uns von außen zufällt. In uns ist etwas, das den Widrigkeiten des Lebens trotzt. In uns ist ein Licht, das trotzdem weiterleuchtet. Unser Wesenskern ist durch die Stürme des Lebens vielleicht erschütterbar, aber nicht zerstörbar. Manchmal wachsen wir gerade in diesen Zeiten und durch diese Erfahrungen in unser unverwechselbares Wesen hinein.

Die Legende ist noch leichter einzuordnen, wenn wir sie in Verbindung bringen mit der alten Weißen Göttin, deren Zeit im Jahreskreis zu Maria Lichtmess beginnt. Im Frühjahr erwacht die Natur und damit die jugendliche Weiße Göttin. Sie spinnt den Lebensfaden. In ihrem leuchtend weißen Kleid betritt sie morgens die Erde und überall da, wo ihr zarter Fuß die Erde berührt, wachsen die ersten Frühlingsblumen – zuerst ebenfalls in Weiß (Schneerose, Schneeglöckchen, Gänseblümchen) und dann in bunten Farben (Schlüsselblume, Veilchen, Sumpfdotterblume). Sie spendet ihr wärmendes, strahlendes Licht und inspiriert uns und all das, was aufblühen und in uns wach werden will. Zur Sommersonnenwende feiert die Weiße Göttin Hochzeit und wandelt sich zur Roten Göttin.

MARGARETE UND DIE MÜTTERLICHE ROTE GÖTTIN, DIE GÖTTIN DER LIEBE

Die Geschichte der hl. Margarete zeigt uns einen Weg, mit unseren Schattenseiten umzugehen. Sie wird mit einem Drachen (Wurm, Schlange) dargestellt, den sie führt oder auf dem sie reitet. Er symbolisiert die Macht der Wandlung. Dieses Bild steht für die Integration der Schattenseiten. Wenn wir Gefühle wie Aggression, Wut, Neid usw. verdrängen, kehren sie sich gegen uns und bekämpfen uns. Dabei möchten die Schattenseiten einfach ernst genommen und berücksichtigt werden. Wenn ich sie frage, was sie mir sagen möchten, werden sie mich auf neue Pfade bringen. Aggressionen können mich lehren, mich besser abzugrenzen, unterdrückte Bedürfnisse können mich lehren, zu einer größeren Weite und Freiheit zu gelangen. Margarete ist voller mütterlicher Liebe und Licht.

Die Legende der hl. Margarete können wir in Verbindung bringen mit der Roten Göttin. Diese wirkt mütterlich, schöpferisch, erotisch, fruchtbar, nährend und versorgend. Die Farbe Rot deutet auch auf die Monatsblutung hin als Zeichen für die fruchtbare Lebensphase. Die Rote Göttin lebt ihre Erotik und Sexualität in der Hoch-Zeit der Natur. Sie erhält den Lebensfaden. Zur Sommersonnenwende geht sie schwanger mit der üppig wachsenden Pflanzenwelt. Im Herbst, wenn die Erntezeit vorbei ist, wandelt sich die Rote in die Schwarze Göttin.

BARBARA UND DIE SCHWARZE GÖTTIN, DIE DEN LEBENSFADEN ABSCHNEIDET

Der Gedenktag der hl. Barbara am 4. Dezember steht am Beginn der dunkelsten Zeit des Jahres. Nach altem Brauch holen wir an diesem Tag Barbarazweige, das sind Zweige von Obstbäumen, ins Haus und stellen sie auf. Sie sollen bis zum Heiligen Abend mitten im Winter als Hoffnungszeichen aufblühen und im kommenden Jahr Glück bringen.

Die hl. Barbara geleitet die Verstorbenen und ist die Patronin der Bergleute. Barbara wird häufig mit einem Kelch dargestellt, der den Tod in das Leben und das Leben in den Tod verwandeln kann.

Die Legende der hl. Barbara erzählt von ihrer Gefangenschaft in einem Turm bzw. Kerker. Barbara wird daher auch manchmal mit einem Turm dargestellt. Im übertragenen Sinn fühlen sich auch heute viele Menschen gefangen in Erwartungen und Wünschen der Umwelt, in Lebensmustern, Ängsten oder Zwängen und Sorgen. Barbara durchtrennt alte Verbindungen, die sich überlebt haben. So schafft sie Raum für Neues. Sie weiß um den Rhythmus von Werden und Vergehen. Bei der Beschäftigung mit der Endlichkeit des Lebens kann sie uns helfen, unser Leben neu zu ordnen, es zu strukturieren und uns auf das zu fokussieren was uns wirklich wichtig ist.

Wir können die Legende der hl. Barbara verbinden mit dem Aspekt der weisen und alten Schwarzen Göttin. Als Vegetationsgöttin begleitet diese den Rückzug der Pflanzen ins Erdreich und in die Dunkelheit. Dort, wo scheinbar alles tot ist, regeneriert sich die Vegetation, um im Frühling, von der Sonnenkraft gelockt, gestärkt ans Licht zu kommen. Die Schwarze Göttin begegnet uns zudem in der Gestalt von Frau Holle. Der Holunder gilt als Schwellenbaum, als Baum der

Eine in dreien: Die weiße, rote und schwarze Göttin

Frau Holle. Verstorbene werden nach alter Vorstellung in der Anderswelt von Frau Holle, der Göttin des Lebens und des Todes, empfangen. Bei manchen Beerdigungsriten wurden daher Verstorbene auf Holunderzweige gebettet. Als Schwellenbaum vereint der Holunder Gegensätze in sich: die weißen Blüten und die schwarzen Beeren, Licht und Dunkel, Heilkraft und Gift.

Bei den Räucherseminaren öffnen wir uns für eine gewisse Zeit dem Rätselhaften, Geheimnisvollen. Die Musik war und ist überall auf der Welt eine gute Begleiterin auf diesem Weg. Daher gehört das Singen für mich als wesentliches unterstützendes Element zum Räuchern dazu. Das vertiefte Atmen unterstützt die Heilwirkung der Kräuter und die Tonschwingungen regen auch Energiezentren tief im Körper an. Es gibt ein wunderschönes Lied, das diese weibliche Spiritualität mit dem Bild der drei Lebensphasen besingt und das eine segnende und stärkende Wirkung hat (*Ich hab ein junges Mädchen gesehen von Heike Panten, aus „Frauen loben Gott", Kösel Verlag*). Wenn wir singen, wird die berührende und ermutigende Kraft dieses uralten Bildes der Dreigestaltigen Göttin in uns lebendig. Diese Dreiheit der Weißen, Roten und Schwarzen Göttin findet zudem in der Marienverehrung ihren Ausdruck. Maria wird dargestellt als Jungfrau in einem weißen oder blauen Kleid, als Mutter mit einem roten Kleid und dem Jesuskind im Arm und als trauernde ältere Frau in einem schwarzen Kleid mit ihrem verstorbenen Sohn im Schoß. In den Texten von Marienliedern kommt diese Dreiheit ebenfalls zum Ausdruck, z. B. in einem der beliebtesten Marienlieder: „Segne Du, Maria".

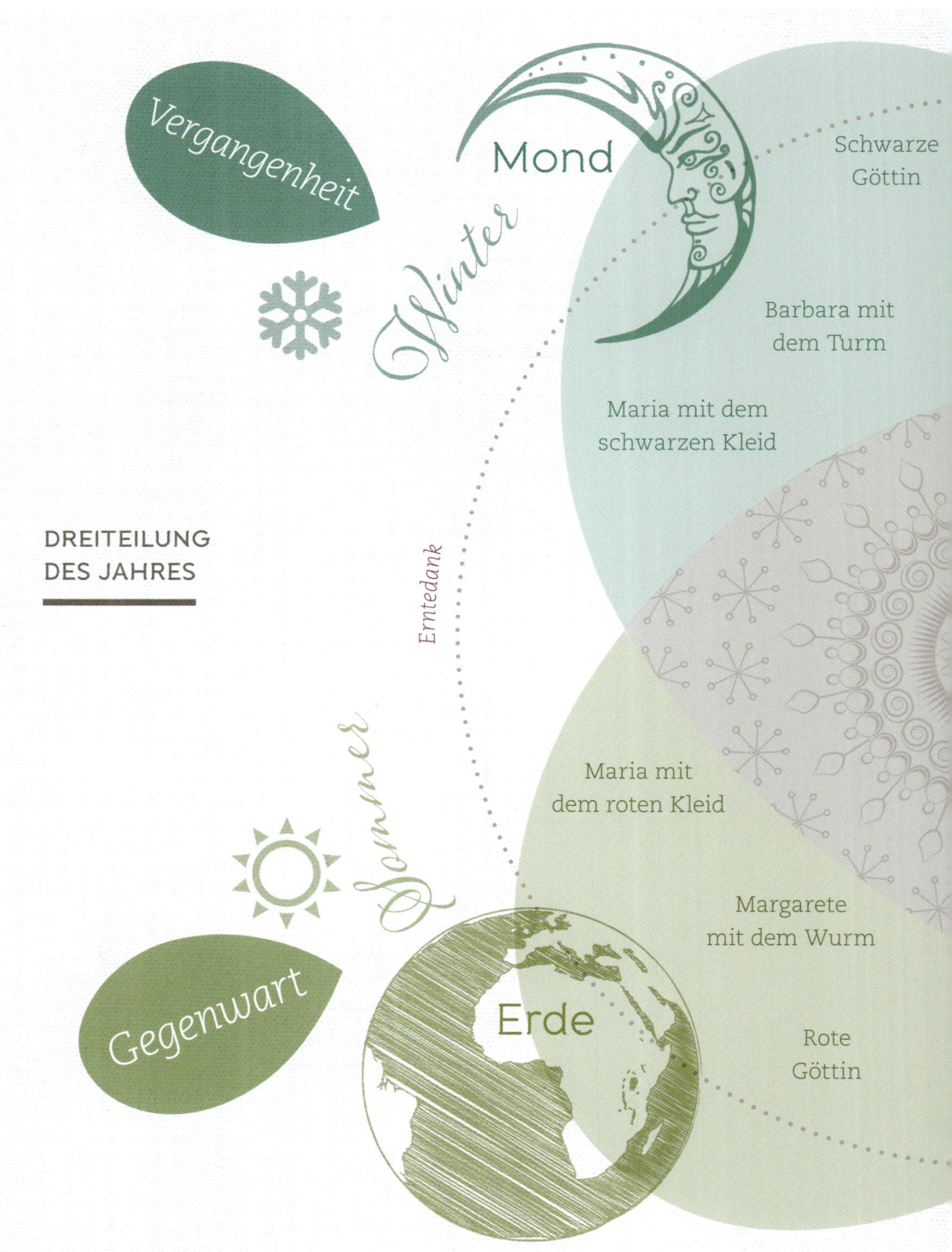

DREITEILUNG DES JAHRES

Die Ältesten

Beifuß, Wacholder und Ruchgras gelten als die ältesten Räucherkräuter unseres Kulturkreises und bilden eine sehr heilsame und sich ergänzende Dreiermischung. Auf der gesamten Nordhalbkugel wurden diese drei Ältesten bei Ritualen, zu heiligen Zeiten und in Zeiten der Veränderung verräuchert. Es heißt: Beifuß öffnet den heiligen Raum, Wacholder schützt den heiligen Raum und Ruchgras segnet den heiligen Raum. Wenn der Raum geöffnet ist, z. B. auch durch Weihrauch, können alle Kräfte eintreten. Daher ist es wichtig, den Raum auch vor negativen Energien zu schützen. Alle Schutzpflanzen sind dazu geeignet. Segnende Wirkung haben jene Pflanzen, die wohlwollende und gute Kräfte anziehen. Segnen im kirchlichen Sinn meint, jemandem von Gott her Gutes zusagen. Segenspflanzen, Segensworte und Segenszeichen erwärmen das Herz und sind Balsam für die Seele.

Du, Beifuß, öffnest den heiligen Raum und unterstützt unsere Schritte ins Neuland.

Beifuß

(Artemisia vulgaris)
Volksnamen: Wilder Wermut, Besenkraut, Schoßwurz, Gänsekraut

Beifuß, die „Mutter aller Pflanzen", ist die „Älteste" und eine der wichtigsten Schutz-, Heil- und Ritualpflanzen auf der gesamten Nordhalbkugel. Heilige Stätten und Geburtsstätten wurden mit Beifuß ausgelegt. Schon in den Gräbern der Neandertaler wurden Beifuß-Beigaben und Räucherwerk gefunden. Zum Räuchern verwendet man die Blütenknospen und das ganze Kraut. Er glüht schnell durch und ist deshalb auch ohne glühende Kohle leicht zu verwenden. Bei den Germanen war der Beifuß die mächtigste aller Pflanzen, sie wurde daher Mugwurz genannt, das bedeutet „Machtwurz". Die Kelten haben die magische Pflanze als heilige

Schutzpflanze mit sich getragen. Beifuß begleitet Übergangsrituale aller Art. Zum Sonnwendfest haben die Menschen früher einen kunstvoll geflochtenen Gürtel aus Beifuß getragen. Mit diesem Gürtel sind sie übers Feuer gesprungen und haben ihn anschließend hineingeworfen, um geschützt und gestärkt in die zweite Jahreshälfte gehen zu können. Der Beifuß wird außerdem Schoßwurz genannt. In hockenden Ritualhaltungen haben Frauen früher ihre lebensempfangenden Organe und ihren Körper mit dem aufsteigenden Beifußrauch gereinigt und geweiht.

Beifuß
* öffnet den heiligen Raum bei Ritualen und verbindet uns mit unserer Spiritualität,
* unterstützt Veränderungen und begleitet in Übergängen aller Art,
* macht wach und empfänglich für geistige Eingaben,
* reinigt und löst Spannungen, sowohl auf körperlicher Ebene als auch in Räumen (z. B. bei Elektrosmog),
* stärkt das Ich,
* bringt die Dinge in Fluss, hilft, zu trauern und das Alte loszulassen,
* wirkt schützend, segnend und beruhigend,
* bringt eine klare Sicht – auch in die Zukunft.

Der angelsächsische Neunkräutersegen, der im 11. Jahrhundert aufgezeichnet wurde, beschreibt den Beifuß als das älteste der Kräuter und spricht ihn ebenfalls direkt an:

Erinnere dich, Beifuß,
was du verkündetest,
was Du anordnetest
in feierlicher Kundgebung.
Una heißest du, das älteste der Kräuter;
Du hast Macht gegen drei
und gegen dreißig,
du hast Macht gegen Gift
und gegen Ansteckung,
du hast Macht gegen das Übel,
das über das Land dahinfährt.

In der chinesischen Medizin wird Beifuß zur Aktivierung von Akupunkturpunkten und Meridianen verwendet. Getrocknete, feine Beifußfasern (Moxa) werden zu Moxastäben gepresst und über bestimmten auf den Meridianen liegenden Therapiepunkten abgebrannt. Durch das Moxen wird dem Körper Wärme zugeführt. Die Gefäße weiten sich und Sauerstofftransport, Nährstoffaufnahme und Durchblutung werden angeregt. Meine Schwester Bettina wendet Moxibustion in ihrer Praxis für Tuina-Praktik regelmäßig an.

Wacholder

(Juniperus communis)
Volksnamen: Kranewittbaum, Knasterkraut, Wachandl, Weihrauchbaum, Lebensrute, Sonnenweihrauch

Der Wacholder ist der Schutz- und Lebensbaum. Ihm wurden auf der gesamten Nordhalbkugel magische Kräfte zugeschrieben. Sein Holz, seine Zweige und Beeren werden seit jeher für kultische und medizinische Räucherungen verwendet. Die Beeren werden dazu im Mörser zerstoßen.

In unseren Breiten wurde dem Wacholder – ähnlich wie dem Weihrauch im Osten – eine große spirituelle Kraft zugesprochen. Der Volksname *Knasterkraut* kommt vom Knastern, das ist das Geräusch, das entsteht, wenn Wacholder verbrannt wird. Das Wort *knastern* stammt vom althochdeutschen *gneisto* und bedeutet „Funke". Traditionell wurde der Wacholder mit dem Zunderschwamm entzündet.

Wacholder wurde früher in Krankenzimmern und Stuben, in denen Menschen gestorben sind, verräuchert, um die Räume zu desinfizieren. Die Menschen wussten also schon sehr lange Zeit um seine antiseptische, keimtötende Wirkung. Der „Wach-Holder" hält wach, wie der Name schon sagt, und belebt. Wie der Holunder gilt er als Ort der Ahnen.

Wacholder
* schützt den heiligen Raum bei Ritualen,
* lässt gut wurzeln und fördert den Kontakt zur Erde,
* reinigt, schützt und stärkt Mensch und Tier,
* bringt Ruhe, Kraft und innere Stabilität,
* begleitet und beschützt uns bei Veränderungen und Übergängen,
* verwurzelt und hilft uns, mit unseren Verstorbenen in Kontakt zu kommen,
* vertreibt „böse Geister" und schützt vor Unfällen,
* belebt, hält wach und stärkt unsere Achtsamkeit,
* schenkt neuen Mut und Zuversicht.

Du, Wacholder,
stärkst uns und schützt
den heiligen Raum.

Ruchgras

(Anthoxanthum odoratum)
Volksnamen: Schmölan, Riechgras, Wilder Lavendel, Waldmeistergras, Goldgras, Maigras, Freyahaar

Das Ruchgras galt früher wie das Zittergras als heiligstes Gras. Es ist in Mittteleuropa auf Magerwiesen heimisch und dem Mariengras nahe verwandt. Es beginnt im Mai zu blühen. Als Maigras wird es in Schweden bezeichnet. Freyahaar sagen die Isländer dazu. Es ist in vielen Kulturen das Gras der Maikönigin. Erst beim Trocknen entwickelt es den angenehmen und typischen Cumaringeruch, den Geruch nach frisch getrocknetem Heu.

Ruchgras zieht gute und wohlwollende Kräfte an. Die bis zu 25 Zentimeter langen Grashalme können leicht getrocknet zu engen Zöpfen geflochten und ohne Räucherkohle zum Verglühen gebracht werden. Ruchgraszöpfe aus dem frischen Gras wurden früher im Zimmer aufgehängt und als Hilfsmittel zur Bestimmung der Luftfeuchtigkeit, als Hygrometer verwendet. Bei trockener Luft duftet es kaum, bei steigender Luftfeuchtigkeit verbreitet der Zopf aber seinen Duft und zeigt zugleich aufziehenden Regen an.

Das Ruchgras war früher auch unverzichtbarer Bestandteil des „Liebfrauen-Bettstrohs", also jener Kräuter, die im Bett vor allem bei der Geburt für die Wöchnerin und für ihr neugeborenes Kind eine heilsame Wirkung entfaltet haben.

Ruchgras
* segnet den heiligen Raum bei Ritualen,
* tröstet, beruhigt und schützt,
* öffnet das Herz und wirkt segnend,
* bringt Licht in die Seele,
* zaubert ein Lächeln ins Gesicht und macht fröhlich,
* fördert die Eingabe und hilft, die eigene Bestimmung zu finden,
* entspannt, macht den Kopf frei und regeneriert.

Du, Ruchgras,
goldener segensbringender
Halm, du verbindest uns
mit Himmel und Erde.

Jahreskreis und Räucherpflanzen   121

Die Heiligen Drei Könige

In den Heiligen Drei Königen begegnet uns ebenfalls die Zahl Drei. Als Weise aus dem Morgenland bezeichnet die christliche Tradition die in der Weihnachtsgeschichte des Matthäus-Evangeliums erwähnten „Sterndeuter" oder „Magier". Sie werden durch den Stern von Bethlehem zu Jesus, dem neugeborenen Sohn Gottes, geführt. Im Neuen Testament werden sie weder als Könige bezeichnet noch gibt es eine Angabe über ihre Anzahl. Diese Bilder entstammen der Legendenbildung. Die in der Westkirche verbreiteten Namen *Caspar*, *Melchior* und *Balthasar* werden erstmals in Legenden des 6. Jahrhunderts erwähnt. Später kamen noch andere Symbole dazu. Sie wurden in drei Lebensaltern, als Jüngling, erwachsener Mann und Greis, dargestellt sowie den drei damals bekannten Kontinenten Asien, Afrika und Europa zugeordnet.

Caspar bedeutet „Schatzmeister", er wird als Afrikaner dargestellt und bringt das Gold. Gold steht symbolisch für die Vollkommenheit der Seele. *Melchior* bedeutet „König des Lichts". Er ist der Weise aus dem Morgenland, der den Weihrauch zur Krippe bringt. Weihrauch symbolisiert das Heilige im Inneren eines jeden Menschen. *Balthasar* bedeutet „Gott schütze sein Leben". Er bringt die Myrrhe, die früher auch zur Einbalsamierung der Toten verwendet wurde. Myrrhe steht für den menschlichen Aspekt, der mit dem Tod vergeht. Die Sterndeuter wollen uns ermutigen, uns auf den Weg zu machen und unserer Sehnsucht zu folgen. Die Fragen, die uns die drei Weisen stellen, könnten lauten: Welcher Stern leuchtet uns den Weg? Was gibt uns Orientierung? Wem oder was folgen wir? Welchen Weg weist uns die Sehnsucht, die in unser Herz gelegt ist?

Der Brauch, Häuser mit Rauch zu reinigen und mit Kreide vor bösen Geistern zu schützen, geht weit in die vorchristliche Zeit zurück. Mit dem alten Brauch, die Pfosten des Hauseingangs mit weißer Kreide zu bezeichnen, wurden früher die Dämonen vom Haus abgewehrt. Auch heute ist es durchaus hilfreich, negative Stimmungen und trübe Geister aus unserem Denken, unseren Beziehungen und unseren Häusern zu vertreiben und diese mit angenehmen Gerüchen zu erfüllen. Vor dem Dreikönigstag kommen die Sternsinger und schreiben mit weißer Kreide das Segenszeichen C + M + B (*Christus mansionem benedicat, Christus segne dieses Haus*) mit der jeweiligen Jahreszahl auf die Haustüre.

Die drei Buchstaben *C*, *M* und *B* werden häufig mit den Namen der Heiligen Drei

Könige Caspar, Melchior und Balthasar assoziiert. Möglicherweise ist aber auch dieses Segenszeichen älter und ein Ausdruck der Großen Göttin, die uns in den Heiligen Drei Frauen Katharina, Margarete und Barbara begegnet. Mir gefällt diese Vorstellung, weil sie diesem alten, einfachen Segenszeichen zusätzliche Bedeutung gibt.

C+M+B

Lassen Sie das Schwere und Belastende mit dem Rauch ziehen, bis es sich im Nichts aufgelöst hat.

Kapitel 4

RÄUCHERWERK, RÄUCHERUTENSILIEN UND RITUALE

Wie wird geräuchert?

Stellen Sie sich vor, der aufsteigende Rauch lässt alle Probleme und Sorgen mit sich aufsteigen und unterstützt Sie bei Ihren Anliegen. Räuchern kann Ihnen helfen, sich zu entspannen, zu stärken, die körperliche Lust anzuregen, die Liebe zu vertiefen, zu meditieren oder sich einfach nur zu freuen.

So, wie Medikamente oder Heilpflanzen bei jedem Menschen unterschiedlich wirken, so sind auch die Reaktionen auf Räucherkräuter verschieden. Bei den Beschreibungen der Pflanzen ist daher die mögliche Wirkung beschrieben. Nehmen Sie wahr, welche Wirkung die einzelnen Pflanzen beim Verräuchern auf Sie haben. Atmen Sie ruhig und tief ein, nehmen Sie den Duft der Pflanzen bewusst auf. Lassen Sie das Schwere und Belastende mit dem Rauch ziehen, bis es sich im Nichts aufgelöst hat.

Früher wurde viel in offenen Räumen und luftigen Tempeln geräuchert. Wenn wir daher in unseren gut isolierten Wohnungen räuchern, ist das Lüften wichtig. Manche Menschen räuchern zuerst und öffnen dann die Fenster. Andere öffnen die Fenster schon beim Verräuchern, denn was dem Rauch entflieht, soll hinaus können. Spüren Sie hin, was für Sie richtig ist – beim Lüften und bei der Auswahl Ihrer Räucherkräuter. Wer sich nicht sicher ist, wie gut er das Räuchern verträgt, sollte es am besten vorsichtig im Freien ausprobieren. Durch das Räuchern entsteht Feinstaub, der allergische oder asthmatische Reaktionen auslösen kann.

Beim Räuchern werden die Kräfte der Pflanzen durch glühendes Feuer freigesetzt. Dabei entsteht Rauch. Dieser direkte und rasche alchemistische Prozess setzt unglaublich starke Energien frei, unabhängig davon, welche Pflanzen verwendet werden. „Diese Kräfte als Dreiheit eliminieren nach Ansicht aller geistigen Schulen die dunklen Flecken in unserem Astralkörper, welche sich durch negative Taten, Gefühle und Gedanken in uns gebildet haben und unsere reine Ausstrahlung trüben."

Genau dieser energetische Effekt ist heute vielen Menschen zu stark. Der Rauch wird als störend empfunden. Doch zum Räuchern gehört eben Rauch. Wer angenehme Düfte liebt, ist wahrscheinlich besser beraten, ätherische Öle zu verwenden. Die Anwendung in Duftlampen ist wesentlich dezenter und ohne Rauchentwicklung.

In der Traditionellen Europäischen Medizin fanden früher Räucherstoffe Verwendung, um z. B. Asthma, Entzündungen, Geschwüre, Schlafstörungen und vieles mehr zu behandeln. Eine Räucheranwendung gegen Schnupfen ist uns von der heiligen Hildegard von Bingen überliefert: „Wenn man an starkem Schnupfen leidet, lege man Fenchel und viermal so viel Dill auf einen Dachziegel oder erwärmten Backstein und wende die Kräuter hin und her, dass sie dampfen, und atme den Dampf durch Nase und Mund ein und esse dann die so auf dem Stein erwärmten Kräuter mit Brot. So verfahre man vier oder fünf Tage lang."

Unsere Vorfahren haben die Pflanzen häufig in bestimmter Absicht und eingebunden in ein Ritual verräuchert. Sie kannten die Heilkräfte der Pflanzen und sie nutzten diese. Wenn wir also die Wirksamkeit des Räucherns erhöhen wollen, können wir dies mit Vertrauen in uns selbst, in den Segen Gottes und in die Kraft der Pflanzen erreichen.

Die Wirkung entsteht also durch die vereinten Kräfte von Pflanze und Mensch, von Vertrauen und Glaube. Man könnte auch sagen, der Pflanzengeist entfaltet seine Wirkung stärker, wenn er gebeten wird. Wenn wir achtsam formulieren, was wir mit dem Räuchern erreichen möchten, verstärkt das den Effekt. So können wir vielleicht eine Bitte oder ein Gebet formulieren (z. B. „Hilf mir loszulassen.") oder unsere Sehnsucht zum Ausdruck bringen (z. B. „Gib mir den Mut, meinen Weg zu gehen."). Die Kraft der Pflanze und die menschliche Absicht wirken mit dem Glauben und dem Gottvertrauen zusammen. In diesem Zusammenhang ist bemerkenswert, dass es in vielen Sprachen dieser Erde nur ein Wort gibt, das zugleich Vertrauen und Glaube bedeutet.

Wer gerne singt, sollte das auf jeden Fall auch beim Räuchern machen, weil dadurch die Atmung vertieft wird und die Heilkraft der Kräuter noch intensiver aufgenommen werden kann. Die Tonschwingungen regen Energiezentren tief im Körper an. Mit der Auswahl der Lieder können Sie Ihrem Räucherritual zusätzliche Bedeutung geben. Besonders einfache Gesänge wie Taizé-Lieder oder heilsame Lieder, die immer wieder wiederholt werden, eignen sich dazu.

Räucherwerk

Zum Räuchern eignen sich alle Pflanzenteile: Harze, Rinden, Hölzer, Nadeln, Zapfen, Wurzeln, Blätter, Knospen, Blüten, Früchte, Samen und Sporen.

Jeder Pflanzenteil kann alleine verräuchert werden oder auch mit einem oder mehreren anderen Räucherstoffen vermischt werden. Vor dem Räuchern werden die Pflanzen vorsichtig getrocknet – am besten an einem luftigen Ort.

HARZE
Harze können von Bäumen oder Zapfen gesammelt und ohne weitere Verarbeitung verräuchert werden. Mindestens ein Jahr lang gelagertes Harz diente früher als „Wald-Weihrauch". Beim Sammeln von Harz ist Vorsicht geboten, denn der Baum produziert es ja vermehrt an jenen Stellen, an denen er Verletzungen aufweist. Die kleinen, vom Baum ausgeschwitzten Harztropfen unterhalb der Baumwunde enthalten mehr ätherisches Öl als das festgewordene, alte Harz, das Baumwunden verschließt. Sammeln Sie also lieber die Harztropfen, Sie benötigen nur ein paar Kügelchen.

Durch die Einfuhr scheinbar edlerer Harze und verschiedener Weihraucharten wurde das Harz heimischer Bäume im Gebrauch verdrängt. Dabei gibt es ganz wundervolle harzführende Gewächse in unserer Umgebung wie Fichte, Lärche, Tanne, Kiefer, Wacholder und Zirbe.

HÖLZER UND WURZELN
Das Holz und die Rinde jedes Harzbaumes können zum Räuchern verwendet werden. Sie verbrennen rascher als Harze und entfalten einen milderen Rauch. Zerkleinertes und verriebenes Holz und Rinden eignen sich besonders gut für Räuchermischungen. Sie verfeinern den Duft von Harzen und auch von verriebenen Kräutern. Auch getrocknete und zerkleinerte Wurzeln, wie z. B. die Engelwurz oder die Haselwurz eignen sich gut zum Verräuchern.

HEILKRÄUTER UND BLÜTEN
Im Grunde kann jede Heilpflanze oder jedes duftende Heilkraut getrocknet und zum Räuchern verwendet werden. Beim Räuchern entwickeln sie jedoch oft einen eher beißenden Geruch, der häufig nichts mehr mit dem Duft der Pflanze zu tun hat. Da sie so rasch verbrennen, werden sie fast nur in Mischungen verräuchert. Wer ihren Duft genießen will, verwendet am Besten ein Räucherstövchen mit einem feinen Sieb als Auflage. Als Unterlage für die Räucherkräuter eignet sich ein Brombeerblatt.

Es gibt eine Fülle heimischer Wildpflanzen und Küchenkräuter, die zusätz-

Harze sind stoffgewordenes Sonnenlicht.
Wilhelm Pelikan

lich zu den hier im Buch angeführten Pflanzen verräuchert werden können:

Eisenkraut, Gänseblümchen, Steinklee, Hornklee, Kamille, Kornblume, Labkraut, Mädesüß, Rainfarn, Rotklee, Schachtelhalm, Schöllkraut, Spitzwegerich, Wegwarte, Mohn, Erdrauch, Bärlapp, Hanf, Hopfen, Salbei, Lavendel, Rosmarin usw.

Anregung: Sie können den Sommer über bei Spaziergängen oder Wanderungen immer wieder kleine Mengen an Kräutern oder Harzstücken sammeln und diese in Ihrer persönlichen „Kräuterschatzkiste" aufbewahren. An einem kalten, grauen Novembertag können Sie Ihre Schätze dann verräuchern und sich den Sommer in Erinnerung rufen. Kehren Sie mit dem Verräuchern bestimmter Pflanzen gedanklich an die Kraftplätze des Sommers zurück. Erlauben Sie sich dabei, innerlich still zu werden. Erlauben Sie den Pflanzen, zu wirken.

Experimentieren Sie ruhig und finden Sie heraus, welche Mischung Sie in Duft und Wirkung derzeit am meisten berührt. Seien Sie sich dabei bewusst, dass Räuchern auf feinstofflicher Ebene wirkt. Reine Zweckorientierung ist fehl am Platz.

Räucherutensilien

Unsere Vorfahren haben in den Bauernstuben Räucherwerk sparsam einfach auf die heiße Herdplatte des Holzofens gestreut. So kam der angenehm ausströmende Harzgeruch den Atemwegen zugute. Am Lagerfeuer wurde das Räucherwerk nicht nur auf die verbleibende glühende Holzkohle geschmissen, sondern auch auf die heißen Steine am Rand des Feuers gelegt. Da es in vielen Haushalten keinen Holzofen mehr gibt und auch das Sitzen um das Lagerfeuer selten geworden ist, können Sie zum Räuchern ein paar Utensilien verwenden, die Sie möglicherweise ohnehin zu Hause haben:

* **Mörser** zum Zerkleinern von Harzen, Kräutern und Samen
* **Holzkohle** aus dem Herd oder Kachelofen oder vom Lagerfeuer
* **Räucherkohle** (tablettenförmige Kohlenstücke, die im Handel erhältlich sind)
* hitzebeständige **Räucherpfanne** oder **Räucherschale** aus Ton, Stein oder Muschel
  Wer selber mit Ton arbeitet, kann sich natürlich seine ganz individuelle Räucherschale töpfern. Sehr schöne Gefäße fertigen beispielsweise viele Werkstätten sozialer Einrichtungen an. Bevor Sie sich eine chinesische Räucherschale zulegen, verbinden Sie Ihren Einkauf doch mit einem sozialen Zweck in einer Werkstatt Ihrer Umgebung.
* trockener **Kristallsand** oder kleine **Steinchen**
  Sand können Sie vielleicht aus einem nahegelegenen Flussbett holen.
* **Zange**, um die Kohle beim Anzünden halten zu können

* **Räucherwerk** (getrocknete Pflanzenteile wie Harze, Hölzer, Wurzeln, Blätter, Blüten oder Samen)
* **Feuerzeug** oder **Kerze** zum Entzünden der Kohle
* **Löffel**, um Räucherwerk auf der Kohle platzieren zu können oder, wenn es zu intensiv ist, auch von der Kohle schaben zu können
* **Stövchen** mit Drahtsieb und Teelicht zum sanften Verduften von Räucherwerk ohne große Rauchentwicklung
* **Feder**, um den Rauch verteilen zu können
* **Weihwasser**

Verschiedene Arten des Räucherns

RÄUCHERN MIT GLÜHENDER HOLZKOHLE

Die gebräuchlichste Anwendung von Räucherwerk war immer das Verbrennen von duftenden Harzen, Kräutern oder Hölzern auf glühender Holzkohle. Es eignet sich besonders für rituelle Räucherungen in luftigen Räumen oder im Freien und hat einen hochenergetischen Charakter. Rauch hat immer mit Verwandlung zu tun. Manchmal ist diese Rauchentwicklung auch in Innenräumen gewünscht, z. B. bei Hausreinigungsritualen, wie man sie etwa in den Raunächten durchführt. Anschließend sollte auf jeden Fall gelüftet werden. Räuchern mit Kohle braucht mehr Zeit und Achtsamkeit als die anderen Varianten des Räucherns.

Wenn Sie einen Holzherd, Kachelofen oder Kaminofen haben, können Sie ein paar Stück glühende Holzkohle direkt aus dem Herd in das Räuchergefäß legen. In Bauernhöfen werden dazu häufig Kupferpfannen mit langem Stiel verwendet, die man bequem durch Haus und Hof tragen kann. Es gibt aber auch kleine Räucherpfannen im Handel. Wer eine Räucherschale verwendet, streut Sand oder kleine Steinchen in das Gefäß und legt dann erst die heiße Kohle darauf. So vermeiden Sie ein Zerspringen der Schale durch zu hohe Hitzeentwicklung. Wichtig ist, dass Sie ihr Räuchergefäß gut halten und tragen können, ohne sich Brandwunden zuzufügen.

RÄUCHERN MIT KOHLE

Wer keine Holzkohle zur Verfügung hat, kann Räucherkohle verwenden. Die tablettenförmigen Kohlenstücke sind vorbehandelt, damit sie sich schneller entzünden. Empfehlenswert ist, diese im Freien zu entzünden und durchglühen zu lassen, damit sie nicht die eher unangenehmen Dämpfe, die dabei entstehen, in Ihren Wohnräumen haben. Halten Sie dazu das Stück Kohle mit der Zange über eine brennende Kerze. Durch das Feuer reagiert die Kohle mit leichten Funken, die sich durch die ganze Kohle ziehen. Die Kohle beginnt dann zu verglühen. Stecken Sie anschließend die Kohle hochkant in den vorbereiteten Sand. Den Rest erledigen die frische Außenluft und der Wind für Sie. An einem luftigen Ort glüht die Kohle schneller durch als in einem gut isolierten Raum. Wenn die Kohle durchgeglüht ist, bildet sich eine weiße Ascheschicht über der gesamten Kohle. Erst dann ist der richtige Zeitpunkt, um die Kohle mit der Zange umzulegen und Räucherwerk aufzustreuen. Wer das Räuchergut zu früh aufstreut, dämpft die

Kohle aus. Die Temperatur der Kohle ist für die meisten Räucherstoffe zu heiß. Wenn Sie ein wenig Sand über die Kohle geben, können Sie die Temperatur etwas abmildern. Verwenden Sie zu Beginn drei Harzkügelchen und ca. einen halben Teelöffel Räucherwerk. Wenn das Räucherwerk verraucht ist, können Sie immer wieder etwas nachlegen, solange die Kohle heiß genug ist. Achten Sie darauf, dass Sie die Gefäße sicherheitshalber auf einen hitzebeständigen Untergrund wie ein Holzbrett stellen.

RÄUCHERN MIT DEM RÄUCHERBÜNDEL

Beifuß und viele andere Kräuter eignen sich sehr gut, um sie mit einem Baumwollfaden zu einem dichten Kräuterbündel zusammenzuschnüren. Dieses etwa drei bis vier Zentimeter dicke und 25 Zentimeter lange Bündel zünden Sie an einem Ende an, bis es richtig brennt. Dann blasen Sie es aus. Das Bündel glüht und raucht durch die Luftzufuhr vor sich hin. So verglimmen die Kräuter langsam. Aufgrund des Ascheflugs ist es eher für die Verwendung im Freien geeignet. In Wohnräumen sollten Sie immer einen Teller darunter halten, um glühende Pflanzenteile auffangen zu können. Um das Kräuterbündel zu löschen, können Sie es im Sand oder auf der Erde ausdrehen. Dann können Sie es ein anderes Mal wieder verwenden.

BEDUFTEN MIT DEM RÄUCHERSIEB

Ein Stövchen mit einem Räuchersieb eignet sich besonders gut, wenn wir ohne große Rauchentwicklung bestimmte Pflanzenqualitäten in unsere Räume bringen wollen. Sie sind ebenso einfach anzuwenden wie Duftlampen. Auf dem Stövchen liegt ein Sieb aus rostfreiem, feinmaschigem Edelstahl. Ich lege gerne ein Brombeerblatt auf das Sieb, damit feinere Bestandteile des Räucherwerks nicht durchfallen bzw. das Sieb vom Harz nicht verklebt. Brombeerblätter finden Sie auch im Winter grün an den Sträuchern. Als Wärmequelle dient ein Teelicht. Dieses Beduften ist bei meinen Kursteilnehmern und Kursteilnehmerinnen sehr beliebt, da der Duft sanft abgegeben wird. Es eignet sich gut dazu, die Pflanzenenergie schonend freizusetzen und in einen Raum zu bringen. Die starke Wirkung des Räucherns bleibt dabei jedoch aus. Wie gesagt: Beim Räuchern raucht es eben.

Im Handel gibt es auch Räucherstövchen mit höhenverstellbaren Räuchersiebhaltern, um die Hitzeeinwirkung regulieren zu können. Wenn Sie bereits eine Aromaduftlampe mit abnehmbarer Schale haben, können Sie anstelle der Schale ein einfaches Räuchersieb darauflegen. Auch auf dem Sieb genügen anfangs drei Harzkügelchen oder ca. ein halber Teelöffel Räucherwerk. Wenn der Duft nachlässt, können Sie das Räuchergut mit einem Löffel zum Rand des Siebes schieben und in der Mitte wieder frisches Räucherwerk auflegen. Verklebungen am Sieb können mit einer Drahtbürste gereinigt oder abgebrannt werden.

RAUCHEN ALS FORM DES RÄUCHERNS

Beim Rauchen verteilt sich der Rauch nicht im Raum, sondern er wird inhaliert und damit werden die Wirkstoffe über die Schleimhäute konzentriert aufgenommen. Alle Rauch- und Qualmkräuter, also alles, was geraucht werden konnte, wurde früher Knaster genannt. Die Pflanzen wurden auch als Wilder Tabak bezeichnet. Zu den Knasterzutaten zählten Hanf, Wurmfarn, Bilsenkraut, Königskerze, Arnika, Kornblumen, Zunderschwamm, Maiglöckchen, Sauerampfer, Schafgarbe, Lavendel, Steinklee, Huflattich, Waldmeister, Erdrauch, Wacholder, Linde, Heidelbeere, Beifuß, Haselwurz,

Ehrenpreis usw. Die getrockneten Blätter und Kräuter wurden fein geschnitten und gut vermischt. Die Knastermischung wurde in der Pfeife geraucht oder in Zigarettenpapier gedreht.

WEIHWASSER

Eng mit dem Räuchern ist in der volkstümlichen Kultur das Besprengen der Räume mit Weihwasser verbunden. Beim Räucherritual trägt eine Person ein Gefäß mit Weihwasser oder mit Wasser aus einer Heilquelle mit. Sie besprenkelt mit Hilfe eines Zweiges (Tanne oder Segenbaum, eine Wacholderart) nach dem Räuchern jeden Raum mit dem segnenden Wasser. Auch Menschen und Tiere werden im Zuge des Räucherrituals mit Weihwasser gesegnet.

Wasser ist eines der vier Urelemente. Wasser reinigt, spendet Leben und erfrischt. Erst durch Wasser kann etwas wachsen. Es ist ein uraltes Segenszeichen. Auch in vielen nichtchristlichen Religionen und Kulturen gibt es Reinigungs- und Weiheriten, die mit Wasser verbunden sind. Wasserquellen sind häufig heilige Orte. Weihwasser kann man nicht kaufen, denn Geweihtes ist nach katholischer Ansicht unverkäuflich. Man kann es aber in den meisten Kirchen kostenlos holen. Wenn Sie unsicher sind, fragen Sie den Priester oder jemanden aus dem Seelsorgeteam der Pfarre.

Der Japaner Masaru Emoto begann in den 1980er Jahren damit, die energetische Struktur des Wassers zu erforschen und dem Wasser ein Gesicht zu geben. Mit Fotos von Wasserkristallen konnte er zeigen, dass Handlungen und Worte Wasser reiner und schöner machen können und es umgekehrt auch verschmutzen können und die kristalline Struktur zerstören können. Er hat zwar kein Weihwasser erforscht, aber z. B. Wasser aus Heilquellen und Wasser, das mit Pflanzen angereichert war oder in mit Wörtern wie *Dankbarkeit* oder *Liebe* beschriebene Fläschchen gefüllt war. Die Ergebnisse waren jedes Mal verblüffend schöne und einzigartige Kristalle. Positive Worte, ja selbst positive Gedanken bilden schöne Wasserkristalle. Da wir Menschen im Erwachsenenalter zu rund 70 Prozent aus Wasser bestehen, sollte uns das zu denken geben. Vielleicht kann es uns auch zur Gedankenhygiene anregen und uns dazu ermuntern, achtsam mit unserer Sprache umzugehen.

Wasser ist ein Informationsträger und Lebensvermittler.

Masaru Emoto

Räuchermischungen für verschiedene Anliegen

Dass Menschen in verschiedenen Völkern und seit Urzeiten räuchern, hat bestimmte Gründe. Die Menschen wollen die Atmosphäre reinigen oder sich selbst mit ihrem Körper, ihrem Geist und ihrer Seele. Sie wollen „böse Geister" vertreiben oder die Meditation erleichtern. Sie räuchern, um Menschen, Tiere oder Gegenstände zu segnen. Sie räuchern, um das Liebesleben anzuregen und zu bereichern. Sie wollen sich öffnen für eine Wirklichkeit jenseits der sichtbaren Welt, für das Göttliche.

Wenn Sie selber räuchern, können Sie sich von diesen Anliegen inspirieren lassen. Sie können sich aber auch Ihre ganz persönliche Mischung erstellen für das, was gerade Ihre Themen sind. Vielleicht haben Sie sich ja von manchen Pflanzenbildern oder Beschreibungen in den vorhergehenden Kapiteln besonders angesprochen gefühlt. Dann macht es Sinn, diesen leisen Impulsen nachzugehen und Ihre Pflanzen zu finden oder sich von ihnen finden zu lassen.

Räuchermischungen sind nicht nötig. Sie können auch nur eine Pflanze verwenden und zum Beispiel mit einem Beifußbündel einen Raum reinigen. Sie können sich aber auch beim Räuchern mit der Magie der göttlichen Zahl Drei verbinden und eine Mischung aus drei, fünf, sieben oder vielleicht sogar neun Pflanzen zusammenstellen. Hier finden Sie ein paar Anregungen, wie Sie Ihre Anliegen mit bestimmten Pflanzen verbinden können.

RÄUCHERN ZUM REINIGEN DER ATMOSPHÄRE IN HÄUSERN UND WOHNUNGEN

„Da ist dicke Luft", sagen wir, wenn wir wahrnehmen, dass Gedanken, Gefühle, Worte oder Handlungen die Atmosphäre negativ beeinflussen. Das Ausräuchern von Wohn- und Arbeitsräumen ist hilfreich, um „dicke Luft" aufzulösen und zu reinigen sowie um frische Energie in unsere Lebensräume zu bringen. Auch beim Einzug in ein neues Heim eignet sich das Räuchern, um die Atmosphäre zu reinigen. Dafür zünden wir Räucherwerk an und tragen es von Raum zu Raum. Wir können kurz in der Mitte des Raumes verweilen, bevor wir in jede Ecke gehen und dort räuchern. Wir können dabei ein Gebet sprechen, unsere Bitte oder Absicht formulieren oder ein Lied singen. Nehmen Sie wahr, was für Sie kraftvoll und stimmig ist.

RÄUCHERN, UM DEN EIGENEN KÖRPER ZU REINIGEN UND ZU STÄRKEN

Wir können uns auch selbst durch Rauch reinigen und mit frischer Energie beschenken. Die im Räucherwerk gespeicherte Sonnenenergie regt die Selbstheilungskräfte stark an. Stellen Sie dazu ein Räuchergefäß vor sich auf den Boden, einen Hocker oder einen Tisch. Reinigen Sie zuerst über dem Rauch Ihre Hände, so als würden Sie die Hände im Rauch waschen. Ziehen Sie den Rauch mit Ihren Händen zu Ihrem Gesicht, um es zu reinigen. Ziehen Sie den Rauch über Ihre Schultern und Arme, über Ihren Rücken und Ihre Brust und über Ihren ganzen Körper. Genauso können Sie auch Gegenstände reinigen und segnen. Geben Sie sich dafür genügend Zeit und achten Sie auf eine ruhige Atmosphäre.

Bei einem meiner Räucherkurse hatten wir das Glück, eine Kursteilnehmerin indischer Abstammung dabei zu haben. Sie hat vom indischen Willkommensritual für Neugeborene erzählt. Die Kinder werden mit Rauch gesegnet, gereinigt und willkommen geheißen. So wie in der christlichen Tradition das Wasser der Taufe und das Salben mit Chrisamöl fixe Bestandteil der Willkommenszeremonie sind, ist es in Indien der Rauch.

Johanniskraut

Lärche

Hasel

Reinigende und stärkende Räucherpflanzen

Dost

Wacholder

Beifuß

Engelwurz

Lavendel

Rosmarin

Räuchermischungen

Holunder

Salbei

REINIGENDE MISCHUNGEN

(jeweils zu gleichen Teilen)

» **dreierlei:** *Kiefernharz, Wacholderbeeren, Eibennadeln*
» **fünferlei:** *Lärchenharz, Dost, Beifuß, Johanniskraut, Engelwurz*
» **neunerlei:** *Fichtenharz, Wacholderbeeren, Beifuß, Johanniskraut, Engelwurz, Dost, Hasel, Königskerze, Hafer*

WEIHNACHTSRÄUCHERUNG/ WINTERMISCHUNGEN

Diese Mischungen eignen sich auch für eine Weihnachtsräucherung in den Raunächten oder als Winterräucherung in der Zeit von Allerheiligen bis Ostern.

» **dreierlei:** *Fichtenharz, Wacholderbeeren, Beifuß*
» **neunerlei:** *Fichtenharz, Tannenharz, Kiefer, Lärche, Eibennadeln, Wacholderbeeren, Beifuß, Bilsenkraut, Engelwurz*

Hafer

Fichte

Königskerze

Eibe

Räuchermischungen 139

Schützende Räucherpflanzen

 Fichte

 Dost

 Holunder

 Lärche

 Hasel

 Schafgarbe

 Salbei

 Tanne

 Mistel

 Johanniskraut

 Ruchgras

 Beifuß

 Baldrian

 Wurmfarn

SCHÜTZENDE MISCHUNGEN

(jeweils zu gleichen Teilen)

- **dreierlei:** *Schafgarbe, Wacholder, Quendel*
- **dreierlei:** *Wurmfarn, Mistel, Waldweihrauch (Tannen-, Föhren- oder Fichtenharz) – eine Mischung die günstige Einflüsse anzieht*
- **fünferlei:** *Lärchenharz, Dost, Beifuß, Johanniskraut, Engelwurz*
- **neunerlei:** *Fichtenharz, Wacholderbeeren, Holunderblüten, Johanniskraut, Engelwurz, Dost, Hasel, Eibe, Königskerze, Mistel.*

Quendel • Eibe • Föhre • Wacholder • Engelwurz

RÄUCHERN, UM „BÖSE GEISTER" UND „DÄMONEN" ZU VERTREIBEN

In der alten Zeit herrschte die Vorstellung, mit Rauch Dämonen und böse Geister vertreiben zu können. Man war der Meinung, dass Dämonen stinken. Übertragen auf unsere Zeit oder in unsere Sprache könnten wir sagen, Dämonen sind auf psychischer Ebene Abhängigkeiten und Süchte, Ängste, Depressionen, Gier oder Neid. Auf körperlicher Ebene manifestieren sich „Dämonen" in Form von Bakterien, Viren oder Pilzen. Tatsächlich kann all das einen sehr unangenehmen Geruch entwickeln – sowohl starke Emotionen als auch Krankheiten. Unsere Sprache drückt das aus, wenn wir z. B. zornig sagen: „Das stinkt mich an." Dann kann es schon vorkommen, dass uns jemand „nicht mehr riechen kann".

„Dämonen können hartnäckige negative Gedankenspiralen sein, die uns ganz bestimmte Sätze vorsagen und einreden und uns so in unseren Lastern festhalten. Ich kann das nicht, ich bin das nicht wert, es geht sicher schief. Die Sätze bewirken Haltungen in uns. Umgekehrt äußern sich unsere Haltungen auch in dem, was wir sagen", schreibt Anselm Grün. Aufrichtige Menschen im Freundeskreis sagen dann: „Rede dir keinen Blödsinn ein."

Zentrierende Räucherpflanzen

Wurmfarn

Bartflechte

Schafgarbe

Frauenmantel

Engelwurz

RÄUCHERN, UM SICH ZU ZENTRIEREN

Räucherrituale werden auch zur Unterstützung der Meditation genutzt. Der aufsteigende Rauch hilft, die auftauchenden Gedanken und Gefühle ziehen zu lassen. Das Ablegen von Vorstellungen, Wünschen und auch Ängsten wird damit erleichtert. Zentrierende Räucherpflanzen wie der Frauenmantel unterstützen uns dabei, die eigene Mitte zu finden. Sie eignen sich auch für Rituale.

ZENTRIERENDE MISCHUNGEN

(jeweils zu gleichen Teilen)

- **dreierlei:** *Beifuß, Wacholder, Ruchgras*
- **dreierlei:** *Engelwurz, Frauenmantel, Schafgarbe*

LANDSCHAFTSRÄUCHERUNG

Eine feuchte, moosige Waldlandschaft mit kleinen Bächen riecht ganz anders als eine Landschaft mit reifen Getreidefeldern und Ackerland oder eine Seenlandschaft. Der Duft einer Landschaft vermittelt uns etwas von den dort angesiedelten Pflanzen.

Bei einer sogenannten Landschaftsräucherung besteht das Räucherwerk aus vielen verschiedenen Pflanzen eines bestimmten Ortes oder einer Region.

Alle Pflanzenteile sollten sehr gut getrocknet sein, bevor sie verräuchert werden. Der Duft übermittelt uns etwas von den landschaftlichen Eigenheiten sowie von der Stimmung eines Ortes. Durch das Einatmen werden Bilder, Gefühle oder Erinnerungen wach, die zur Landschaft gehören und uns etwas über sie offenbaren.

Ruchgras

Holunder

Föhre

Segnende Räucherpflanzen

Mistel

Baldrian

Beifuß

Heckenrose

Salweide

Tanne

SEGNENDE MISCHUNGEN

(jeweils zu gleichen Teilen)

» **dreierlei:** *Tanne, Mistel, Heckenrose – eine besonders segnende Mischung*
» **dreierlei:** *Föhre, Holunder, Ruchgras*
» **fünferlei:** *Tanne, Mistel, Heckenrose, Beifuß, Ruchgras*

RÄUCHERN, UM ZU SEGNEN

Es gehört zu den schönsten Erlebnissen, wohlwollend willkommen geheißen zu werden oder bedingungslose Achtung zu erfahren. Wenn jemand zu uns sagt: „Schön, dass es dich gibt. Gut, dass du da bist", baut uns das auf und tut uns gut. Im Segnen geschieht genau diese Zusage. *Segnen* heißt im Lateinischen *benedicere* „jemandem Gutes sagen". In der christlichen Spiritualität ist Gott selbst die Quelle dieser Zusage. In der Schöpfungsgeschichte heißt Gott Tag für Tag die ganze Schöpfung gut. Wenn wir segnen, erinnern wir uns an die Liebeserklärung Gottes: „Du bist meine geliebte Tochter/mein geliebter Sohn, über dich freue ich mich." Wir alle kennen Menschen, die ein Segen sind und vielleicht können wir immer wieder selber ein Segen sein für andere. Eltern können ihre Kinder segnen, in einer Partnerschaft können beide sich gegenseitig segnen, auch Gegenstände wie Ringe werden gesegnet und sind Segenszeichen, die wir tragen.

Und aus dem Himmel tönte eine Stimme: „Du bist mein geliebtes Kind, über dich freue ich mich."

Mk 1,11

Baldrian

Bilsenkraut

Heckenrose

Lust und Liebe fördernde Räucherpflanzen

Frauenmantel

Holunder

Föhre

Engelwurz

Tanne

Birke

Brennnessel

Fichte

LIEBESRÄUCHERUNG

Räucherwerk wurde früher auch eingesetzt, um die Liebe zu vertiefen und um die körperliche Lust anzuregen. Mit der Liebesräucherung können Sie eine entspannte, liebevolle, erotische Atmosphäre schaffen. Pflanzen, die als Aphrodisiakum gelten, haben ihren Namen der Liebesgöttin Aphrodite zu verdanken. Lassen Sie Ihrer Fantasie freien Lauf, wenn es darum geht, mit Düften, Musik, Licht, Essen und Trinken und Kleidung eine liebevolle oder lustvolle Atomsphäre zu gestalten.

MISCHUNGEN FÜR LUST UND LIEBE

(jeweils zu gleichen Teilen)

- » **dreierlei:** *Föhre, Frauenmantel, Rose*
- » **dreierlei:** *Tanne, Bilsenkrautsamen und -blüten, Holunder*

Räuchermischungen 147

Die Kraft von Ritualen

Rituale sind eine besondere Sprache der Menschen. Sie sind bewusst gesetzte, symbolische Handlungen und ermöglichen Menschen, sich auf Veränderungsprozesse einzulassen. Die große Palette an Ritualen reicht von täglichen kleinen Ritualen über Feste im Jahreskreis bis zu großen Feiern bei Lebensübergängen wie Geburt, Heirat und Tod.

Alltagsrituale sind z. B. der Abschiedskuss am Morgen, die Mahlzeiten beim gedeckten Tisch, die Gute-Nacht-Geschichte am Abend oder der arbeitsfreie Sonntag nach einer Arbeitswoche.

Rituale im Jahreskreis sind das Entzünden der Kerzen am Adventkranz, die Weihnachtslieder unter dem Christbaum, das Räuchern in den Raunächten, die Geburtstagstorte, das Verschenken von Osternesterln oder das Feiern beim Sonnwendfeuer.

Rituale zu Lebensübergängen sind oftmals in religiöse Feiern eingebunden und haben eine spirituelle Dimension. Rituale begleiten uns über die Schwelle. Bei der Taufe wird das Kind gesegnet und die Familie trägt alle Wünsche und Bitten für das Leben des Neugeborenen vor Gott hin. Das Hochzeitsfest ist ein Fest der Liebe und der Lebensfreude. Das Paar wird gesegnet und von vielen Menschen mit guten Wünschen begleitet. Das Glück des Brautpaares strahlt auf die Gäste aus. Ein Begräbnis erleichtert den Trauernden das Abschiednehmen. Rituale können uns helfen, Übergangssituationen zu meistern, auch wenn diese krisenhaft sind. Die vorgegebenen Abläufe vereinfachen den Umgang miteinander.

Rituale sind von Kultur zu Kultur verschieden. Wenn wir Rituale gemeinsam durchführen, wirken sie verbindend und stärken die Gemeinschaft. Indem wir auf vertraute Abläufe und bekannte Symbole zurückgreifen, werden uns Halt und Orientierung vermittelt. Kindergärten sind Orte voller Rituale. Tagesablauf, Tischsitten, Spiele, Feste im Jahreskreis: Alles ist ritualisiert. Kinder finden Sicherheit und Orientierung in der Wiederkehr des Gleichen, Rituale dienen ihnen als Wegweiser in einer unübersichtlichen und kompliziert erscheinenden Welt.

Rituale sind etwas, nach dem sich wir Menschen sehnen. In dieser Sehnsucht kommt eine Art „Veranlagung" des Menschen zur Religiosität zum Ausdruck, wie anthropologische Denker, vereinfacht gesagt, erklären.

Rituale dienen der Erinnerung und öffnen den Himmel über unserem Leben.

Ein Leben ohne Feste ist wie ein langer Weg ohne Einkehr.

Demokrit

Sie bringen uns in Verbindung mit der Kraft, die unser Dasein übersteigt und in die wir eingebunden sind, mit dem Göttlichen und seiner heilsamen und liebevollen Nähe.

Rituale helfen uns, Hemmschwellen zu überwinden und Gefühle auszudrücken. Wenn wir jemandem ein Geburtstagsbillet schreiben, drücken wir persönlicher aus, was wir für diesen Menschen empfinden, als sonst im Jahr.

Rituale können uns dabei unterstützen, nicht von der Zeit bestimmt zu werden, sondern die Zeit selbst in die Hand zu nehmen und zu prägen.

Rituale sind einfach und sprechen alle Sinne an: Wir gestalten einen Raum feierlich, wir gratulieren jemandem, wir zünden eine Kerze an, wir falten die Hände, wir umarmen einander, wir singen Lieder … Solche rituellen Handlungen können „einen Vorgang veredeln, ihn aus dem Alltäglichen herausheben."

Rituelle Handlungen vor dem Essen lassen die Speisen nachweislich köstlicher erscheinen.

Räucherritual für das Haus

Wenn wir einen Raum betreten, kann es sein, dass wir die Atmosphäre als angenehm und klar empfinden und uns gleich wohl fühlen. Wir kennen aber umgekehrt auch Räume, in denen negative Spannungen greifbar sind und uns beklemmend zumute ist. In unseren Wohnräumen sammeln sich im Lauf der Zeit allerlei Stimmungen an, die zwar unsichtbar, aber dennoch deutlich spürbar sind. Verletzende Worte und eine gereizte Stimmung schaffen eine angespannte Atmosphäre. Oder es werden Themen unter den Teppich gekehrt, eisiges Schweigen wird aufgebaut und Konflikte führen zu dicker Luft.

Es ist ein guter alter Brauch, zu den Raunächten gemeinsam durch die Wohnung oder durch Haus und Hof zu gehen und zu räuchern. Seit jeher ist es ein hilfreiches Mittel, um negative Spannungen und Energien zu vertreiben, um Räume zu desinfizieren und zu reinigen.

In meiner Familie war es zu Zeiten meiner Großeltern üblich, Rosenkranz betend durch Haus und Hof zu gehen, die Räume mit Weihrauch auszuräuchern und mit Weihwasser zu segnen. Im Lauf der Zeit haben wir dieses alte Ritual für uns zu einem recht stimmungsvollen Teil der weihnachtlichen Feier umgewandelt. Wir versammeln uns als Familie fast alle schon am 24. Dezember. Meist kommt zur Dämmerungszeit die Frage von den Kindern: „Wann gehen wir denn endlich räuchern?" Das liegt nicht nur an der Freude am Räuchern, sondern daran, dass sich die Kleinen mittlerweile daran erinnern können, dass immer nach dem Räuchern der Weihnachtsbaum erleuchtet im Wohnzimmer stand und die Geschenke darunter zu finden waren.

Wir wandern also gemeinsam von Raum zu Raum. Ein Kind trägt stolz und konzentriert das Weihrauchgefäß und geht damit langsam in jede Ecke. Ein anderes geht hinterher und besprengt mit einem frischen Tannenzweig jeden Raum mit Weihwasser. Wir sprechen spontan aus, was wir uns für dieses Zimmer wünschen und formulieren so ganz persönliche Gebete. Wir sprechen aus, was der Rauch aus dem Haus vertreiben soll und wofür wir den göttlichen Segen erbitten. Eine bestimmte Reihenfolge gibt es dabei nicht. Jeder und jede spricht aus, was für den jeweiligen Raum ein Herzensanliegen ist. Wer als Letzter bzw. Letzte in den Raum geht, öffnet das Fenster zum Lüften.

Wenn wir im Keller beginnen, bitten wir im Heizraum darum, dass die Heizung

Es fühlt sich gut an, in gesegneten Räumen zu wohnen und zu Hause zu sein.

gut funktioniert und dass Holz und Brennstoff den Winter über reichen. Im Vorratskeller sprechen wir den Wunsch aus, dass alles dem Rauch entfliehen möge, was die Vorräte gefährden könnte und dass die mit viel Liebe gemachten Marmeladen und Säfte lange haltbar sein mögen. Im Eingangsbereich bitten wir darum, dass die Menschen, die über die Schwelle treten, in guter Gesinnung kommen und gehen mögen. Im Bad bitten wir darum, dass uns das reinigende Wasser jeden Morgen erfrischt und munter in den Tag treten lässt. Am Abend möge uns das Wasser helfen, alles Belastende oder Schwere des Tages loszulassen. Im Schlafzimmer sprechen die Kinder aus: „Wir wünschen der Oma, dass sie immer gut schläft und was Schönes träumt." Meine Mutter betet in der Küche: „Mögen die Speisen hier gut gelingen und allen schmecken und uns stärken und erfreuen." Am Weg von einem Raum zum anderen singen wir ein Lied mit dem Text „Mache dich auf und werde licht, denn dein Licht kommt".

Wenn alle Räume durchwandert, geräuchert und gesegnet sind, läutet „zufällig" eine helle Glocke. Wir feiern Weihnachten und segnen auch noch das Wohnzimmer: Mögen wir Geborgenheit, Zusammenhalt und Freude empfinden miteinander und mögen unsere Gespräche gelingen, auf dass wir immer wieder ein Geschenk sind füreinander. Es ist ein verbindendes und erhebendes Gefühl, gemeinsam segnen zu können. Es fühlt sich gut an, in gesegneten Räumen zu wohnen und zu Hause zu sein – nicht nur zur Weih-Nachts-Zeit.

Der Jahreskreis mit seinen acht Schwellenzeiten ist auch ein Abbild für jeden einzelnen Tag.

Kapitel 5

DER JAHRESKREIS UND WEITERE VERBINDUNGEN

Der Jahreskreis als Symbol für einen Tag

Wir können den Jahreslauf als Symbol für den eigenen Lebenslauf betrachten. Wir können darin aber auch das Symbol für einen Tag sehen.

Die Erde dreht sich innerhalb von 24 Stunden einmal um ihre eigene Achse. Auf der Seite, die zur Sonne zeigt, ist es Tag, auf der anderen Nacht. Die Dauer von Tag und Nacht wechselt im Jahreslauf. Der Jahreskreis mit seinen acht Schwellenzeiten ist auch ein Abbild für jeden einzelnen Tag. Der Bio-Rhythmus des Menschen hat sich über Millionen von Jahren dem Wechsel der Jahreszeiten und vor allem dem Tagesverlauf angepasst. Vom Gehirn kontrolliert, läuft im menschlichen Körper jeden Tag das gleiche Programm ab. Die innere Uhr steuert Schlaf- und Wachphasen, aber auch Herzfrequenz, Blutdruck und unsere Stimmung.

MITTERNACHT

Der Organismus ist im Ruhemodus und kaum leistungsbereit. Im Schlaf regenerieren wir uns und das Unbewusste zeigt sich in Traumbildern. Träume helfen uns, Erfahrungen, die wir gemacht haben, in unseren Erfahrungsschatz zu integrieren. Wir lernen tatsächlich im Traum. Deshalb träumen wir mehr, wenn wir in einer neuen Umgebung sind. In Krisensituationen helfen uns Träume, besser zurechtzukommen. Sie wirken wie ein heilsames Gespräch – und das im Schlaf. Wer einen Zugang zu Träumen hat, dem öffnet sich die Tür zu einem sehr kreativen und stärkenden Potenzial.

MORGENDÄMMERUNG

Vor Sonnenaufgang oder nach Sonnenuntergang färbt sich der Himmel unter bestimmten Wetterbedingungen bläulich. Dichter haben diese Zeit als „die blaue Stunde" bezeichnet. Mich hat Herbert Schimbäck, der Fotograf, der mir viele schöne Fotos für dieses Buch zur Verfügung gestellt hat, auf diese Bezeichnung aufmerksam gemacht. Denn die blaue Stunde gilt als die perfekte Tageszeit zum Fotografieren. Das Licht wird besonders weich. Seit ich diesen Namen kenne, fällt mir die blaue Stunde viel häufiger auf. Wenn wir etwas in Sprache fassen, wird es begreifbar und wahrnehmbar. Achten Sie einmal bewusst auf das Licht der blauen Stunde. Während zu dieser Tageszeit die Sonne die Dunkelheit der Nacht langsam vertreibt, steigen im menschlichen Körper Temperatur, Blutdruck und Pulsfrequenz an.

MORGEN

Etwa eine Stunde nach dem Aufwachen produziert unser Körper stimulierende Hormone, die es uns erleichtern, aktiv zu werden. Wie wir den Morgen beginnen, so zeigt sich der ganze Tag. Wenn wir uns ärgern, weil es schon wieder Zeit ist, aufzustehen, oder wenn wir missmutig auf die bevorstehenden Aufgaben blicken, dann sind wir den ganzen Tag über schlecht gelaunt. Negative Gedanken rauben uns Energie. Wenn wir gut in den Tag gehen wollen, ist es hilfreich, uns bewusst zu machen, welch ein Geschenk das Leben ist. Jeder Tag schenkt uns 24 neue Stunden und jede Menge Gründe, um glücklich zu sein.

VORMITTAG

Körper und Gehirn laufen zu dieser Zeit auf Hochtouren. Der Vormittag eignet sich für anspruchsvolle Tätigkeiten und knifflige Herausforderungen. Versuchen Sie, jeden Tag etwas zu finden, das Sie verwundert. So können Sie sich Ihren Forschergeist und Ihre kindliche Neugier ein Leben lang bewahren und schöpferisch bleiben.

MITTAG

Der Sonnenstand erreicht zu Mittag seinen Höhepunkt. Es ist Essenszeit und Zeit für eine Pause, denn der Körper ermüdet. Gönnen Sie sich eine richtige Mittagspause und Essen, das Ihnen gut tut. Dann fühlen Sie sich nicht nur satt, sondern auch wohl. Wenn wir gemeinsam mit anderen essen und trinken, haben wir auch Zeit für Gespräche und den Austausch. So stärkt uns die Mahlzeit nicht nur körperlich, sondern sie nährt auch unsere Beziehungen.

NACHMITTAG

Körper und Geist erleben am Nachmittag ein zweites Leistungshoch. Arbeiten gehen gut von der Hand. Nicht jede Tätigkeit oder jedes Thema begeistert jeden Menschen gleichermaßen. Egal, welchen Beruf Sie ausüben oder woran Sie arbeiten, ergründen Sie immer wieder, was Sie wirklich gerne machen oder machen wollen. Wenn wir etwas gerne tun, machen wir es meistens auch gut. Dann fällt uns die Arbeit leicht und fördert unsere Zufriedenheit. Wenn Sie die Arbeit ruhen lassen, blicken Sie zurück auf das, was Sie diesen Tag gemacht haben. Wer das Erreichte nicht würdigt, wird leicht atemlos.

ABEND

Der Körper schaltet auf Feierabend um. Es wird dunkel und wir werden müde. Der Abend lädt uns ein, heimzukehren und anzukommen. In der Praxis, in der ich Coaching anbiete, liegt im Eingangsbereich eine Fußmatte mit der Aufschrift „angekommen". Vielleicht ist es hilfreich, wenn Sie dieses Wort auch an Ihrer Eingangstüre anbringen, als Erinnerung daran, dass Sie ab dieser Schwelle das Tempo verlangsamen können und die Belastungen des Arbeitstages hinter sich lassen können. Der Abend lädt uns ein, zu Hause anzukommen, in unserem Körper zu Hause zu sein, unseren Wohnraum zu genießen und uns an den Menschen zu freuen, mit denen wir zusammenleben.

Ich verbinde den Abend auch mit einem Ausspruch meiner Großmutter: „Mach Feierabend, lass es gut sein", hat sie oft gesagt. Wenn ich mich in meiner Geschäftigkeit zu verlieren drohe, erinnere ich mich gerne an diesen Satz und freue mich über die Weisheit, die darin steckt: Lass die Arbeit ruhen, feiere den Abend, schaue auf diesen Tag und lass ihn gut sein. Es genügt für heute. Es ist gut, wie es ist. Lassen Sie es also gut sein am Abend und suchen Sie sich Möglichkeiten, sich zu entspannen.

SPÄTER ABEND

Der späte Abend markiert den Übergang von der Abenddämmerung in die tiefste Nacht. Die Dunkelheit lädt uns ein, loszulassen und die Kontrolle abzugeben, um einschlafen und uns regenerieren zu können. Ein ruhiger Abend fördert die Merkfähigkeit von Träumen. Unsere Gedanken wirken auch im Schlaf weiter. Sie entscheiden mit, welche Träume wir haben. In den Träumen begegnet uns ein Schatz, den wir alle in uns tragen. Im Traum spricht unsere Seele ganz individuell zu uns. Lassen Sie sich vom späten Abend anregen, ein gesundes Ritual zu finden, um den Tag abzuschließen. Vielleicht ist es ein kurzer Rückblick auf den Tag verbunden mit einer Geste der Dankbarkeit und des Loslassens. Mit dem Schlaf tauchen wir in eine andere Bewusstseinsebene ein.

Auch die Himmelsrichtungen lassen sich dem Tages- bzw. dem Jahreslauf zuordnen. Die Mitternacht ist im Norden angesiedelt, der Morgen im Osten, der Mittag im Süden und der Abend im Westen. Sie können Ihre Orientierungsfähigkeit stärken, indem Sie sich bewusst werden, in welche Himmelsrichtung Sie unterwegs sind. Das ist zu Fuß möglich, oder mit dem Rad und mit jedem anderen Verkehrsmittel.

Die Erde brachte Grün hervor, Gewächse, die Samen aussäen nach ihrer Art, Bäume, die Früchte hervorbringen, in denen ihr Same ist nach ihrer Art. Und Gott sah: Ja, es war gut.

Gen 1,12

Gott sei mit dir

Gott sei mit dir beim Anbruch des Morgens,
dass du gespannt und erwartungsvoll
dem entgegenblickst, was dir dieser Tag
abverlangt und was er dir schenken will.

Gott sei mit dir in allem, das du tust,
dass deine Arbeit fruchtbar sei und
durch dein Wirken hindurch etwas
spürbar wird von Gottes Frieden und Liebe.

Gott sei mit dir in den Stunden deiner Muße,
dass du Ruhe und Frieden findest in dir selbst
und dir neue Kräfte zuwachsen für dein Tun.

Gott sei mit dir, wenn die Nacht anbricht,
dass du dankbar zurückschauen kannst
auf die Last und die Lust des vergangenen Tages
und gewiss sein kannst, dass nichts vergeblich war.

Christa Spilling-Nöker

Entsprechungen in den Himmelsrichtungen, der Tageszeiten und den Elementen

Später Abend

Abend / Herbst

Farbe: blau

Nachmittag

Mittag / Sommer

Frabe: rot

Mitternacht / Winter

Farben: schwarz, weiß

Morgen-
dämmerung

Morgen /
Frühling

Farben: hellgrün, gelb

Vormittag

Der Jahreskreis in Verbindung mit den Elementen

Nach der Vier-Elemente-Lehre besteht alles Sein aus den vier Grundelementen bzw. „Essenzen" Feuer, Erde, Wasser und Luft. In der Alchemie des späten Mittelalters und der frühen Neuzeit spielen die vier Elemente und die Quintessenz als fünftes Element eine wesentliche Rolle. Die Vier-Elemente-Lehre wurde von der Astrologie übernommen. Dabei wurde jedes Tierkreiszeichen einem der vier Elemente zugeordnet:

* Feuer: Widder, Löwe, Schütze
* Erde: Stier, Jungfrau, Steinbock
* Wasser: Krebs, Skorpion, Fische
* Luft: Zwillinge, Waage, Wassermann

FEUER

In der Überlieferung sind zu den Festen im Sommerjahreskreis keine Hinweise aufs Räuchern zu finden. Dafür spielten große, kraftvolle Feuer und der Rauch des verbrannten Holzes eine wichtige Rolle. Das Feuer ist immer ein Symbol für die Sonne, die die Finsternis vertreibt. Den Sommerfeuern wird eine schutzmagische Wirkung gegen Blitz, Hagel und Unwetter zugeschrieben. Gegen Unwetter wurden früher auch bestimmte Pflanzen verräuchert. Es ist also anzunehmen, dass diese Wetterpflanzen auch bei den Sommerfeuern verräuchert wurden.

Das Feuer kann Leben erhalten und Leben zerstören. Wir nützen es zum Räuchern, Heizen und Kochen. Im Gegensatz zu den anderen Elementen kann das Feuer nicht existieren, ohne zugleich etwas Anderes aufzulösen. Es gilt daher als verwandelnde Kraft. Der Blick ins offene Feuer löst eine große Faszination aus. Wir schauen ins Licht, beobachten den Tanz der Flammen und spüren die Hitze.

Übung:
Der Wandlungskraft des Feuers vertrauen

Schreiben Sie sich etwas von der Seele oder bringen Sie Themen, die Sie verabschieden, verwandeln oder loslassen wollen zu Papier. Dieses Stück Papier können Sie dann ins Feuer werfen mit der Bitte um Wandlung. Was vom Feuer übrig bleibt, ist Asche. Sie wurde früher zum Reinigen von Wäsche und Töpfen verwendet. Asche wurde auch als Kalium-Dünger auf Wiesen und Feldern verteilt, um die Fruchtbarkeit des Bodens zu unterstützen. So können auch wir darauf vertrauen, dass das energiegeladene Feuer uns reinigt, verwandelt und fruchtbaren Boden für Neues bereitet.

ERDE

Die Erde ist das dichteste aller Elemente. Die Erde ist reich an Mineralien und Bodenschätzen. Die Erde ist fruchtbar, in ihr wurzeln Pflanzen, die sie nährt und denen sie Halt und Kraft gibt. Durch die Schwerkraft sind wir mit der Erde verbunden. Sie steht für Beständigkeit, Stabilität und Sicherheit. Kinder spielen gerne mit Erde, Sand, Steinen oder Schlamm. Die Verbindung mit der Erde macht uns bodenständig und sicher. Wenn wir uns mit der Erde verbinden, verbinden wir uns zugleich mit unseren Wurzeln.

Übung:
Sich dem Boden anvertrauen und getragen sein

Legen Sie sich auf den Boden, entweder in einem Zimmer auf eine Matte oder Decke oder im Freien auf eine Wiese. Vertrauen Sie mit jedem Atemzug mehr und mehr von Ihrem Gewicht dem Boden an. Sie können die Augen schließen und spüren, dass die Erde Sie trägt und hält, egal was passiert. Sie gibt uns Sicherheit und Stabilität. Mit jedem Atemzug können Sie sich daran erinnern, dass Sie eingebettet und getragen sind, geborgen, behütet und geführt. Genießen Sie dieses Gefühl, sich ganz dem Boden anvertrauen zu können, der Sie verlässlich trägt. Genießen Sie diese Verbundenheit und dieses Getragensein, wann immer Sie wollen.

WASSER

Ohne Wasser gäbe es kein Leben. Die Astronauten nannten unseren Planeten den blauen Planeten, denn 71 Prozent seiner Oberfläche werden von den Weltmeeren eingenommen. Diese Zahl taucht auch bei uns Menschen auf. Wir bestehen in der Mitte unseres Lebens zu 71 Prozent aus Wasser. Wer über das Wasser nachdenkt, denkt also auch über sich selbst nach. Es ist ein Urelement und ein Ursymbol. Die Verbindung mit dem Göttlichen wird als Verbindung zur Quelle des Lebens, zum lebendigen Wasser bezeichnet. Heilende Quellen haben den Menschen seit jeher geholfen, ihre Gesundheit wiederzuerlangen und zu fördern. In der christlichen Liturgie ist es das Element des Segens. Kinder werden mit Wasser getauft. Menschen werden mit Wasser gesegnet. Die Dynamik und Flexibilität des Wassers macht es zu einem ganz besonderen Element. Es umgibt uns in vielerlei Gestalt, als Tau, Regen, Nebel, Schnee, Eis, Quelle, Bach, Fluss, Strom, See und Meer.

Übung:
Sich am Wasser erfrischen

Packen Sie eine Flasche mit frischem Trinkwasser ein und gehen Sie zu einer Quelle, zu einem sauberen Bach oder zu einem See. Schauen Sie dem Wasser eine Zeitlang zu, wie es sich bewegt oder ruht, wie es plätschert, fließt oder sich ruhig bewegt. Vielleicht kommt allein dadurch schon innerlich etwas in Fluss oder in Bewegung. Und dann verbinden Sie sich mit dem Wasserelement, indem Sie es trinken, sich damit waschen, durch den Bach durchgehen oder in den See hineinspringen und untertauchen. Sie können sich mit dem Wasser reinigen, sich erfrischen und die belebende Wirkung wahrnehmen und genießen.

Wasser verbinden,
was abgetrennt
drängt ins verständigte Sein,
mischen in alles ein Element
flüssigen Himmels hinein.

Rainer Maria Rilke

LUFT

Unser Atem verbindet uns mit dem Luftelement, das uns umgibt. Das Element Luft ist das leichteste, beweglichste und flüchtigste der vier Elemente. Das Element Luft begegnet uns im leichten Wind, im kräftigen Sturm oder im wilden Orkan. Wir genießen den erfrischenden Lufthauch des Frühlings oder die warme Brise des Sommers. Wir tragen Bilder von Herbstwinden in uns, die die bunten Blätter wirbelnd durch die Lüfte treiben. Wir schützen uns vor dem pfeifend kalten Wind des Winters.

Das Element Luft steht für Leichtigkeit, Vertrauen und Hingabe. Die Luft begegnet uns in der Musik und im Vogelgezwitscher und regt uns an, uns zu bewegen, zu tanzen und unsere Leichtigkeit und Lebendigkeit zu spüren.

Übung:
Leichtigkeit erleben und die Streicheleinheiten der Luft genießen

Räuchern Sie im Freien und suchen Sie sich dafür einen Platz aus, an dem Sie ungestört sein können. Im aufsteigenden Rauch können Sie die Bewegungen der Luft beobachten, selbst wenn kaum ein Lüftchen zu spüren ist. Sie können mit Ihrer Atemluft vorsichtig Bewegung in das Räucherwerk bringen. Sie können sich in die Richtung stellen, in die der Rauch zieht und sich vom Wind beräuchern und bereichern lassen. Mit dem Rauch können Sie alles ziehen lassen, was Ihre Leichtigkeit behindert. Sie können auch versuchen, mit Ihren Armen die kreisenden Bewegungen des aufsteigenden Rauches nachzuahmen und so in eine tanzende Bewegung kommen.

ÄTHER

Quintessenz (lateinisch *quinta essentia*, wörtlich *fünftes Seiendes*) war ursprünglich der Ausdruck für das fünfte Element, das Aristoteles angenommen und Äther genannt hatte. Heute bedeutet *Quintessenz* „das Wesentliche, das Wichtigste". In der Traditionellen Europäischen Medizin steht der Äther für die Lebensordnung, die ihren Ursprung in dem hat, was von Gott in uns angelegt wurde. Körperliche und psychische Schmerzen sind Signale des Körpers, dass etwas nicht stimmt und aus der Ordnung geraten ist. Das gilt es wieder in eine (höhere) Ordnung zu bringen. Im Weltbild des Aristoteles gab es den Äther als masselose, unveränderliche, ewige Substanz jenseits der Mondsphäre. Dieses „fünfte Element" hatte damit völlig andere Eigenschaften als die irdischen vier Elemente Feuer, Erde, Wasser und Luft.

Übung:
Atmen und sich mit dem Lebensgeist verbinden

Was dem Menschen zur Lebensordnung verhilft, sind Stille und Meditation. Finden Sie einen Raum oder Platz, wo Sie Ihr Denken zum Schweigen bringen können. Am leichtesten geht das, wenn Sie sich nur auf Ihren Atem konzentrieren, darauf, wie er kommt und geht, ohne seinen Rhythmus oder seine Tiefe zu beeinflussen. Sie können mit diesem Rhythmus einen Satz verbinden, z. B. „Ich bin da" oder „Ich bin verbunden mit der Quelle des Lebens". Sie können Ihren Atem mit der Vorstellung verbinden, dass Sie beim Einatmen alles Stärkende, Ermutigende und Belebende in sich aufnehmen und beim Ausatmen alles, was unfrei macht, lähmt oder einengt, loslassen.

Genießen Sie es, zur Ruhe zu kommen und alles rundherum gut sein zu lassen. Wenn wir Bilder und Eindrücke um uns herum reduzieren, können wir den Kompass der Seele neu ausrichten. Dann gelingt es uns leichter, die Botschaft unseres Herzens zu hören und achtsam mit dem eigenen Lebensfaden umzugehen.

Einer der Namen Gottes:
„Ich bin da!"

Ich bin da

In das Dunkel deiner Vergangenheit
und in das Ungewisse deiner Zukunft,
in den Segen deines Helfens
und in das Elend deiner Ohnmacht lege ich meine Zusage:
Ich bin da.

In das Spiel deiner Gefühle
und in den Ernst deiner Gedanken,
in den Reichtum deines Schweigens
und in die Armut deiner Sprache lege ich meine Zusage:
Ich bin da.

In der Fülle deiner Aufgaben
und in die Leere deiner Geschäftigkeit,
in die Vielzahl deiner Fähigkeiten
und in die Grenzen deiner Begabung lege ich meine Zusage:
Ich bin da.

In das Gelingen deiner Gespräche
und in die Langeweile deines Betens,
in die Freude deines Erfolges
und in den Schmerz deines Versagens lege ich meine Zusage:
Ich bin da.

In die Enge deines Alltags
und in die Weite deiner Träume,
in die Schwäche deines Verstandes
und in die Kräfte deines Herzens lege ich meine Zusage:
Ich bin da.

Paul Weismantel

NACHWORT

… und das war noch lange nicht alles

Im Jahreskreis begegnen uns bestimmte Pflanzen, aber auch Tiere und Mineralien, auf die ich hier nicht eingegangen bin. Wer eine künstlerische Ader hat, wird in den Jahreszeiten ganz bestimmten Farben und Formen begegnen.

Musikalische Menschen finden im Jahreskreis verschiedene Melodien. Die bekanntesten sind wohl „Die vier Jahreszeiten" von Antonio Vivaldi, mit denen er gleichsam jede Jahreszeit in einem Konzert porträtiert. Dabei imitiert er Naturerscheinungen wie eine sanfte Brise oder einen heftigen Sturm. Wer mit Märchen und Mythen vertraut ist, wird die Verbindung zu Pflanzen und zu den Entwicklungsschritten im Lebenslauf sowie zum Jahreslauf herstellen können. All jenen, die körperorientiert arbeiten, wird die Verbindung des Jahreskreises zu bestimmten Organen oder Körperübungen vertraut sein.

Lassen Sie sich überraschen, welche Verbindungen zum Jahreskreis für Sie noch deutlich werden, je nachdem, wozu Sie selber einen Zugang haben.

Pflanzen wollen uns anregen und stärken, uns gemäß dem in uns angelegten Wesenskern zu entwickeln und unseren eigenen Lebensfaden ins große Ganze einzuweben. Ihre zentrale Botschaft ist: „Werde die, die du bist! Werde der, der du bist!" Die Pflanzen mit ihren Farben und Formen, ihrem Geruch und Geschmack überbringen uns Botschaften, die sie uns nie durch Worte offenbaren könnten.

Vielleicht haben Sie Lust bekommen, das alte Ritual des Räucherns auszuprobieren oder zu intensivieren. Vielleicht sind Sie inspiriert, die Jahreszeiten bewusst zu erleben und zu feiern. Vielleicht sind Sie neugierig geworden, die Pflanzen in Ihrer Umgebung mit wachen Sinnen wahrzunehmen. Wenn Sie wirklich ganz eintauchen wollen in die bezaubernde Welt der Pflanzen, dann tauchen Sie mit all Ihren Sinnen ein. Tauchen Sie ein mit Ihren Augen, bis auch die Augen des Herzens aufgehen. Tauchen Sie ein in die Gerüche, öffnen Sie Ihre Hände, nehmen Sie Verbindung auf und spüren Sie dem nach, was da innerlich in Resonanz kommt.

Ich wünsche Ihnen von Herzen viele berührende Erfahrungen und viel Freude dabei.

Hannelore Kleiß

ÜBER DIE AUTORIN

Hannelore Kleiß ist im Mühlviertel auf einem kleinen Bauernhof aufgewachsen. In der Natur zu sein ist für sie von Kindheit an eine große Quelle der Lebensfreude. Oft lockt es sie, hinauszugehen und ihre Umgebung mit allen Sinnen wahrzunehmen. Die Natur steckt für sie voller Einladungen und erinnert sie daran, dass das Leben ein Wunder ist. In der Natur erlebt sie auch ihre Verbundenheit mit dem Göttlichen. Ihre christliche Spiritualität bringt sie in diesem Buch auf sehr persönliche Art und Weise zum Ausdruck.

Als Kräuterpädagogin und Naturbotschafterin gibt sie ihr Wissen über heimische Wildpflanzen in Kursen und bei Kräuterwanderungen begeistert weiter. Inspirationen aus der Natur übersetzt sie und formuliert daraus Einladungen und Fragen, die unsere menschliche Entwicklung begleiten können.

Hauptberuflich ist sie im Sozialbereich tätig. Seit über 25 Jahren begleitet sie als Sozialarbeiterin und Coach Menschen in schwierigen Lebenssituationen auf ihrem Weg. Dabei lässt sie sich leiten von der Erfahrung, dass nicht nur in der Natur wundersame Entwicklungen möglich sind.

Auch jeder Mensch trägt das Potenzial in sich, zu wachsen, Hindernisse und Schmerz zu überwinden und ein gelingendes Leben zu führen.

QUELLEN UND WEITER-
FÜHRENDE LITERATUR

Bader, Marlies. Räuchern mit heimischen Kräutern. Anwendung, Wirkung und Rituale im Jahreskreis. 7. Auflage, München 2008

Berendt, Joachim-Ernst. Ich höre, also bin ich. Vom Ziel allen Hörens. Hör-CD. München 1993

Bibel in gerechter Sprache. Hrsg. v. Ulrike Beil et al. München 2007

Bossinger, Wolfgang/Neubronner Katharina (Hrsg). Das Buch der heilsamen Lieder. Liederbuch zur Förderung seelischer und körperlicher Selbstheilung. Wien 2010

Brocke, Frederike. Zunderschwamm und Hexenröhrling. Stuttgart 2006

Canacakis, Jorgos. Ich sehe deine Tränen. Trauern, Klagen, Leben können. Stuttgart/Zürich 1987

Emoto, Masaru. Die Botschaft des Wassers. Sensationelle Bilder von gefrorenen Wasserkristallen. Burgrain 2012

Faulstich, Joachim. Das Geheimnis der Heilung. Wie altes Wissen die Medizin verändert. München 2012

Fischer-Rizzi, Susanne. Mit der Wildnis verbunden. Kraft schöpfen, Heilung finden. Stuttgart 2007

Fuchs, Christine. Räuchern in Winterzeit und Raunächten. Heilkräftige Mischungen und Rituale. München 2012

Gabriel, Hermann. Einheimisches Räucherwerk im Jahreslauf. Seminarunterlage Jahreskreis. Zell am Pettenfirst 2011

Griebert-Schröder, Vera/Muri, Franziska. Vom Zauber der Rauhnächte. Weissagungen, Bräuche und Rituale für die Zeit zwischen den Jahren. 4. Auflage, München 2013

Grün, Anselm. Wenn du Gott erfahren willst, öffne deine Sinne. Münsterschwarzach 2000

Grün, Anselm. Die Vierzehn Nothelfer. Münsterschwarzach 2010a

Grün, Anselm. Einreden. 20. Auflage, Münsterschwarzach, 2010b

Grün, Anselm. Einfach leben. Das große Buch der Spiritualität und Lebenskunst. Freiburg im Breisgau 2013

Hadinger, Boglarka. Ein Vortrag über die menschliche Reife. Unveröffentlichtes Manuskript. Tübingen

Haider, Barbara/Haider, Hans. Räuchern mit Kräutern und Harzen. Salzburg 2014

Heras, Brigitta de las. Die Reise durch den Jahreskreis. Rituale, Fantasiereisen und Tänze zu den acht Jahreskreisfesten. Darmstadt 2011

Hirsch, Siegrid/Grünberger Felix. Die Kräuter in meinem Garten, 8. Auflage, Linz 2010

Kantilli, Günther. Jahresfeste. Rhythmus von Mensch und Kosmos, Mythologie und Bräuche. Das Leben ist wert, gefeiert zu werden. Unveröffentlichtes Manuskript. Alberndorf 2003

Kastner, Heidi. Wut. Plädoyer für ein verpöntes Gefühl. Wien 2014

Kutter, Erni. Der Kult der drei Jungfrauen. Eine Kraftquelle weiblicher Spiritualität neu entdeckt. München 2003

Langer, Fred. Rituale. Was sie bedeuten. Wofür wir sie brauchen. In GEO 1/2014, S. 116–132

Meyer, Ernst-Albert. Duftstoffe und -salben in vergangener Zeit. In Naturheilpraxis 4/2014, S. 22 ff.

Müller-Ebeling, Claudia/Rätsch, Christian/Storl, Wolf-Dieter. Hexenmedizin. Die Wiederentdeckung einer verbotenen Heilkunst – schamanische Traditionen in Europa. Aarau 2001

Müller, Fabrice. Wenn Pflanzen sprechen. Das geheime Bewusstsein der Pflanzen. In Natur und Heilen 4/2012, S. 20–26

Rätsch, Christian. Der Heilige Hain. Germanische Zauberpflanzen, heilige Bäume und schamanische Rituale. 5. Auflage, Aarau und München 2013

Scheurl-Defersdorf, Mechthild R. von. In der Sprache liegt die Kraft! Klar reden, besser leben. Freiburg im Breisgau 2012

Storl, Wolf Dieter. Vom Wesen der Pflanzen. Hör-CD. Bern 2009

Storl, Wolf-Dieter. Die Pflanzen der Kelten. Heilkunde – Pflanzenzauber – Baumkalender. Aarau 2010

Wollner, Fred. Räucherwerk und Ritual. Die vergessene Kunst des Räucherns. Wien 1996

WEITERFÜHRENDE INTERNETADRESSEN

www.freya.at
Natur in Worten. Website des Freya-Verlages mit Überblick über das umfangreiche Sortiment an Büchern

www.fuer-meine-gesundheit.at
Mit allen Sinnen Gesundheit fördern. Seite für Tuina-Praktik von Bettina Kleiß

www.salige.at
Website der fünf Musikerinnen der Gruppe „Die Saligen", die im Raum Telfs/Tirol arbeiten: Christine Köhle, Bettina Schmid, Barbara Müller, Petra Schmid-Weiß und Agnes Juen

www.kraeuter-coaching.at
Menschen begleiten: Coaching, Kräuterwanderungen, Rauch und Brauch. Website der Autorin Hannelore Kleiß

REGISTER DER VORGESTELLTEN PFLANZEN

Angeführt sind die Pflanzen der Einzeldarstellungen sowie die Pflanzen der vorgeschlagenen Räuchermischungen auf den Seiten 138–147.

Baldrian 106
beruhigt, entspannt, bringt Licht, schützt, umarmt, fördert Lust und Liebe

Bartflechte 61
schützt, befreit, beruhigt, reinigt, stärkt, hilft bei Erschöpfung, zentriert

Beifuß 118
öffnet den Raum bei Ritualen, löst Spannungen, reinigt, schützt, begleitet in Übergängen

Bilsenkraut 76
lindert Schmerz, fördert die Lust, erleichtert Kontakt mit Ahnen, berauscht

Birke 59
beruhigt, erfrischt, inspiriert, befreit, macht flexibel und froh

Brennnessel 65
fördert Lust und Liebe, reinigt, schützt

Dost 90
schützt, stärkt, entspannt, hilft bei Liebeskummer und „Gegenwind"

Eibe 104
hilft loszulassen, schließt Vergangenes ab, löst den Schmerz, macht fröhlich

Eisenkraut 78, 81
entspannt Unwetter (Wetterkräutl), löst Ängste, ermutigt, hilft bei Erschöpfung

Engelwurz 105
schützt, hellt Stimmung auf, stärkt, ermutigt, reinigt (wenn z. B. Verstorbene noch spürbar sind in Räumen), fördert die Lust

Fichte 52
schützt, gibt Geborgenheit, befreit, inspiriert, richtet uns auf

Föhre 83
beruhigt, segnet, gibt Antrieb, hilft, gut im Leben zu stehen, fördert Lust und Liebe

Frauenmantel 75
zentriert, heilt, begleitet Veränderungen, hilft bei Neubeginn, fördert Lust und Liebe

Hafer 96
kräftigt, baut auf, ermutigt, hilft bei Erschöpfung, zentriert, bringt Leichtigkeit

Haselnuss.. 69
beruhigt, öffnet Tore in andere Welten, klärt, schützt, schenkt Geborgenheit

Heckenrose 98
segnet, stärkt, harmonisiert, beseitigt Ängste, verbindet Gegensätze, fördert Lust und Liebe

Holunder 74
reinigt, stärkt, hilft bei der Suche nach dem Lebenssinn, schützt, fördert Lust und Liebe

Immergrün 67
regt den Geist an, inspiriert, fördert Konzentrationsfähigkeit und Erinnerungsvermögen

Johanniskraut.. 81
schützt und reinigt bei Anspannungen jeder Art, bringt Wärme und Licht, geeignet zur Reinigung von Beratungs- und Therapieräumen

Königskerze 89
richtet uns auf, erhellt, reinigt, gleicht aus, entspannt negative Strahlungen und Energien

Lärche 97
schützt, heitert auf, reinigt, entspannt und segnet

Lavendel.. 129, 134, 138
beruhigt, entspannt, fördert den Schlaf, reinigt, stärkt

Mistel 54
segnet, schützt, macht innere Schätze sichtbar, beruhigt

Quendel 60
schützt, stärkt das Urvertrauen, ermutigt, richtet auf

Rainfarn 78, 81, 85, 129
stärkt, entspannt Unwetter (Wetterkräutl), entstrahlt, ermutigt

Rosmarin..129, 138
entspannt Unwetter (Wetterkräutl), fördert Lust, Antrieb und Freude, reinigt, stärkt, fördert die Konzentration

Ruchgras 121
segnet, tröstet, entspannt, regeneriert, bringt Licht in die Seele

Salbei 85, 129, 139, 140
reinigt, stärkt, schützt, baut auf, fördert die Konzentration

Salweide 68
beruhigt, hebt die Stimmung, stärkt das Selbstvertrauen und die Zuversicht

Schafgarbe 91
zentriert, ermutigt, vertreibt Negatives, schützt, heilt

Pflanzenregister

Tanne 53
segnet, schützt, ermutigt, belebt, macht widerstandsfähig, erleichtert die Meditation, fördert Lust und Liebe

Wacholder 120
lässt gut wurzeln, reinigt, schützt, begleitet Veränderungen, belebt, stärkt die Achtsamkeit

Wurmfarn 82
entstört, harmonisiert, richtet uns auf, fördert die eigene Entwicklung, zieht günstige Einflüsse an

REGISTER DER PFLANZEN NACH DEN JAHRESKREISFESTEN

WINTER-SONNENWENDE 21. DEZEMBER
Fichte, Tanne, Mistel

LICHTMESS
Birke, Quendel, Bartflechte

FRÜHLINGS-TAGUNDNACHTGLEICHE 21. MÄRZ
Immergrün, Salweide, Haselnuss

WALPURGIS
Holunder, Frauenmantel, Bilsenkraut

SOMMER-SONNENWENDE 21. JUNI
Johanniskraut, Wurmfarn, Föhre

SCHNITTERFEST
Königskerze, Dost, Schafgarbe

HERBST-TAGUNDNACHTGLEICHE 23. SEPTEMBER
Hafer, Lärche, Heckenrose

ALLERHEILIGEN
Eibe, Engelwurz, Baldrian

Jahreszeitenkranz

freya BUCHTIPPS

Annemarie Herzog

Gelebte Rau(ch)nächte
Mit Räucherrezepturen für jede Raunacht

Gerade in den Raunächten, zum Abschluss eines Jahres mit seinen guten und negativen Erlebnissen, hilft uns Räuchern mit seiner reinigenden Wirkung, in sich zu gehen, Altes abzuschließen und den Weg für Neues zu öffnen. Diese Tage des Innehaltens eignen sich hervorragend für Selbstreflexion und Bestandsaufnahme.

Die Räucher-Expertin Annemarie Herzog hat für jede der zwölf Raunächte eine spezielle Räuchermischung kreiert, die dem Thema der jeweiligen Nacht entspricht und uns hilft, die Raunachtsenergien für Seele und Körper effektivst zu nützen.

ISBN 978-3-99025-282-6

Siegrid Hirsch, Felix Grünberger

Die Kräuter in meinem Garten

Seit 1996 wird es immer wieder neu aufgelegt, mit den neuesten Informationen versehen, durch Trend-Pflanzen, Gewürze und Kräuter, die für die Gesundheit neu entdeckt werden, ergänzt und grafisch überarbeitet.

Pflanzen von A–Z.

ISBN 978-3-902134-79-0

In Ihrer Buchhandlung & E-Book Store: www.freya.at 🌳 www.freya-verlag.de